学而书坊 —— 学而时习之 不亦说乎

THINKING THROUGH QUALITY QUESTIONING
DEEPENING STUDENT ENGAGEMENT

JACKIE ACREE WALSH
BETH DANKERT SATTES

优质提问促思考
学生深度参与学习

［美］杰姬·阿克里·沃尔什
［美］贝丝·丹克特·萨特斯 著
车燕虹 吴新静 于冬梅 译
盛群力 校

宁波出版社

图书在版编目（CIP）数据

优质提问促思考：学生深度参与学习/（美）杰姬·阿克里·沃尔什（Jackie Acree Walsh），（美）贝丝·丹克特·萨特斯（Beth Dankert Sattes）著；车燕虹，吴新静，于冬梅译. —宁波：宁波出版社，2022.9（2025.4重印）
（新班级教学译丛）
ISBN 978-7-5526-4525-5

Ⅰ.①优… Ⅱ.①杰…②贝…③车…④吴…⑤于…Ⅲ.①提问—教学研究 Ⅳ.① G424.1

中国版本图书馆 CIP 数据核字（2022）第 052605 号

Chinese Simplified Translation from the English Language edition:
Thinking Through Quality Questioning: Deepening Student Engagement
by Jackie Acree Walsh, Beth Dankert Sattes
Copyright © 2011 by Jackie A. Walsh, Beth D. Sattes
This work is published by Corwin Press, Inc.（wholly owned by SAGE Publications, Inc. in United States）

本书简体中文版由 Corwin Press, Inc.（wholly owned by SAGE Publications, Inc. in United States）授权宁波出版社独家翻译出版。未经宁波出版社书面许可，不得以任何方式复制或抄袭本书内容。版权所有，侵权必究。
版权合同登记号：图字：11-2022-057 号

优质提问促思考——学生深度参与学习
YOUZHI TIWEN CUSIKAO——XUESHENG SHENDU CANYU XUEXI
［美］杰姬·阿克里·沃尔什、［美］贝丝·丹克特·萨特斯 著；
车燕虹、吴新静、于冬梅 译；盛群力 校

出版发行	宁波出版社
	（宁波市甬江大道 1 号宁波书城 8 号楼 6 楼　315040）
策划编辑	陈　静
责任编辑	邵晶晶　陈　静
责任校对	虞姬颖
印　　刷	宁波白云印刷有限公司
开　　本	787mm×1092mm　1/16
印　　张	15.25
字　　数	225 千
版次印次	2022 年 9 月第 1 版　2025 年 4 月第 2 次印刷
标准书号	ISBN 978-7-5526-4525-5
定　　价	56.00 元

推介语
Recommendation

让学生为未知世界和尚未存在的工作成功地做好准备,是当今的教育工作者面临的关键挑战。学校必须把学生转变成独立的终身学习者,使他们有能力做出深思熟虑的决定。对于致力于帮助学生学习的老师来说,《优质提问促思考》是一种宝贵的资源。

——谢瑞·帕里斯(Sherrill W. Parris)
蒙哥马利市亚拉巴马州教育局州教育主管助理

优质提问为我们的员工提供了一个宝贵的架构,帮助我们采用有效的提问方式,并对全体学生的反应模式进行监控。我们的教师已经发现了分享和讨论优质问题的实践价值,并创造了一个有利于探究和反思的环境。我们相信,《优质提问促思考》不仅可以改进教师的实践,还可以为教师提供教学工具,通过提问、讨论和回应互动,促使学生成为积极、负责任的学习者。

——黛比·布鲁克斯(Debbie Brooks)
亚拉巴马州奥本市卡里伍兹小学校长

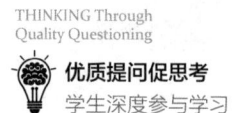

对于希望促进学生思考、提高学生参与度和对学习负责的教师来说，《优质提问促思考》是一种很好的资源。本书的力量在于它不仅概述了教师的行为，还特别将这些行为与学生的成果和行为联系起来。它真正支持"将学生参与转化为学生学习"的想法！

——杰玛丽亚·杰克逊（Jamalya Jackson）
佛罗里达州坦帕市希尔斯伯勒县公立学校
专业发展及新入职教师部主任

《优质提问促思考》不仅提供了设计有效问题所需的工具，还提供了引发学生深思熟虑的回答和对话所需的结构。这本书通过提供实例和支撑架构，指导教育工作者创建一个富有成效的互动课堂。

——杰米·帕里斯（Jamie Parris）
田纳西州查塔努加市汉密尔顿县学校数学和科学学科主任

教师和教育领导者会用《优质提问促思考》中的方法，拓展学生的思维：在教学前集中讨论问题、创造提问环境、提供反馈并协助学习者发展自己的思维。值得注意的是，本书提供了可以仿效的行为！在这个"速战速决"的时代，优质提问能够支持有目的的、深思熟虑的教学和学习。

——乔迪·韦斯特布鲁克（Jody M. Westbrook）
得克萨斯州凯勒市得州教职工发展委员会执行董事

任何处于教育领导者地位的人都知道要用更少的资源做更多事情的

压力。《优质提问促思考》提醒我，为教师提供优质的教学工具是改进教学和学习最佳、最经济的手段。这本书简明扼要，研究透彻。作为一个刚退休的负责人，我断定，在近一年中，这本书会成为学习和专业研究的焦点。

——乔伊·威廉姆斯（Joy B. Williams）

佐治亚州皮尔斯县学校负责人

对于重视学生参与、探究和自我效能感的教育者来说，读这本书就对了。在22年研究的基础上，杰姬·沃尔什和贝丝·萨特斯建构了提高学生元认知和责任感的优质问题的框架，并提供了指导教学的反馈。作为学习中的伙伴，教师和学生都将受益于《优质提问促思考》提供的研究知识和实践策略。

——凯蒂·巴扎尼（Katie Bazzani）

得克萨斯州圣安东尼奥市北侧综合服务局 K-12 教职工发展专家

准备好质疑你的教学方式。《优质提问促思考》提供了一种易于遵循的形式，即教师如何真正吸引学生，并激发他们提出和解决问题的欲望。教师必读！

——莎伦·西格里（Sharon Sigley）

西弗吉尼亚州北杰弗逊小学三年级教师

我相信，作为教师，我们的目标之一就是让学生能够进行高阶思考，并

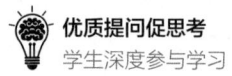

把知识应用于各个学科。《优质提问促思考》能帮助教师在课堂上引导学生成为思考者,而不仅仅是忙碌者。本书为教师在课堂上促使学生对自己的学习负责提供了支持。我向所有老师推荐这本书,它能帮助老师指导学生走完这个旅程。

——梅丽莎·亚当斯(Melissa M.Adams)
路易斯安那州侯马市万迪比天主教高中校长助理

任何相信我们的学生必须深入思考才能在当今和未来的世界中蓬勃发展的教育工作者,都不能放下这本书!

——莎莉·皮彭布琳(Sally Piepenbrink)
查尔斯顿西弗吉尼亚州教育部州立学校改进专家

教学是一项复杂的、需多方面共同努力的工作,但其核心是质疑。除非教师在合适的时间以合适的方式提出正确的问题,否则学生就难以参与,难以发现学习者在学习中的位置,也难以得到有效的反馈。教师虽然完成了智力上的繁重任务,但学习者因此变成了旁观者。所以,改进教学的本质在于提高提问水平。《优质提问促思考》提供了一个受欢迎的框架。这个框架能精准指导教师以可能有益于学习的方式反思自己的实践,同时又有足够的灵活性,适合每位教师。

——迪兰·威廉(Dylan Wiliam)
伦敦大学教育研究所教育评估荣誉教授

作者简介
About the Authors

杰姬·阿克里·沃尔什博士和贝丝·丹克特·萨特斯长期研究并提倡教师、学生和学校领导者应用优质提问教学法,她们同时也是《优质提问教学法——让每个学生都参与学习》(*Quality Questioning: Research-Based Practice to Engage Every Learner*, 2005)的作者。她们已经在美国30多个州给成千上万的教师和学校领导者做过有关课堂提问的专业培训。她们还是"QUILT"(Questioning and Understanding to Improve Learning and Thinking, 简称 QUILT, 一个全国性的研究有效提问的专业发展项目)的共同开发者以及教育影音杂志《提问激发学与思》(*Questioning to Stimulate Learning and Thinking*, 1999)的合作演讲者。她们的其他合作项目还包括开发一些领域的专业发展模块,如改进学校文化[南部地区教育委员会(Southern Regional Education Board)]和核心学习体[亚拉巴马领导学院(Alabama Leadership Academy)]。

杰姬·阿克里·沃尔什（Jackie Acree Walsh）在杜克大学获得政治学学士学位，在北卡罗来纳大学教堂山分校获得教育硕士学位，在亚拉巴马大学获得教育行政和管理博士学位。杰姬刚进入教育行业时是一名高中社会课老师，之后在大学、州教育部门做过行政，并以研究和发展专家的身份在地区教育实验室工作。现在，她是一名在提问、课堂指导和领导方面的独立咨询专家，主要帮助成年人设计适合自身的学习体验。她的电子邮箱是 walshja@aol.com。

贝丝·丹克特·萨特斯（Beth Dankert Sattes）在美国范德堡大学获得学士学位，在皮博迪学院获得学前特殊教育硕士学位。她曾是一名特殊教育教师，曾在"Edvantia"（前身是 AEL，一个地区性教育实验室）研究和开发专业发展项目，致力于建立家、校、社区三位一体的关系。现在，她是"热心学习"（Enthused Learning，一家教育咨询公司，总部位于西弗吉尼亚州查尔斯顿）的负责人，与众多教师和管理者合作研究提问、指导、辅导和读写。她的电子邮箱是 beth@enthusedlearning.com。

致谢

十分感谢在我们将经验概念化以及撰写这本书时,给我们带来灵感与鼓励,并一直支持我们的每一个人,这其中包括我们的家人、同事和戈温出版公司的编辑。

戈温出版公司高级编辑哈德森·珀里戈(Hudson Perigo)是第一个敦促我们再写一本《优质提问教学法》续篇的人,自始至终,她都非常支持我们这个项目。我们十分敬佩她的睿智和耐心。

这本新书的编写动机主要源自全国各地教育工作者读完《优质提问教学法》的积极反馈,其中许多人还参加了我们针对这个主题举办的专业学习培训,并和我们分享在接受完培训之后他们和学生发生了哪些变化。我们没法在这里一一列举每一个人的姓名,只能列出那些贡献相对更显著的人。例如,詹妮弗·班纳特(Jennifer Barnett),亚拉巴马州塔拉迪加县温特伯勒高中的教导主任,非常支持优质提问教学法,且在本书相关部分的编写中贡献了自己的力量;苏珊·霍利(Susan Holley),得克萨斯州学校管理者协会副执行董事,和乔迪·韦斯特布鲁克,得克萨斯州教职工发展委员会执行董事,为向成千上万的得克萨斯州的教育工作者推广优质提问教学法做出了重大贡献;同样,亚拉巴马州最佳实践中心的凯茜·加森海默(Cathy Gassenheimer)也做出了贡献。没有这些同人的热情支持和帮助,这个项目是无法实现的。

我们也非常感谢我们的朋友卡拉·麦克卢尔（Carla McClure）孜孜不倦地为我们修改词句，以及卡罗琳·拉时达（Carolyn Luzader）帮助我们编写初稿。另外非常幸运的是，麦克·威廉姆斯（Mack Williams）同意为我们制作可爱的插图，使我们的书更加丰富多彩！麦克还负责了我们这个项目的运行，我们非常敬佩他丰富的想象力和坚持不懈的毅力。

最后，要特别感谢我们的家人，他们总是无私地包容我们的一切，非常感激凯瑟琳（Catherine）、威尔、斯蒂芬妮·沃尔什（Stephanie Walsh）以及莱尔·萨特斯（Lyle Sattes）给予我们的关爱、支持和包容。

前言 Preface

22年前,我们和一些老师及学校领导者共同创建了一个长期提升教师专业学习的项目,这个项目以其首字母缩略词"QUILT"(Questioning and Understanding to Improve Learning and Thinking)命名。给项目命名时,我们一直在思考"QUILT"里的"T"应该指教学(Teaching)还是思考(Thinking),最终我们选择了思考。但是,起初的命名并不包含理解(Understanding),只有"提问促进学习和思考"(Questioning to Improve Learning and Thinking)。当杰姬向她的家人说起这个项目名称时,她的儿子威尔(Will),当时只是一个五年级的小学生,认为"U"没有得到充分的重视。几天之后,他提议将"U"指代为"理解",他说因为教师提问之后,学生会通过积极思考然后获得理解,这样才是真正的学习。二十几年过去了,我们仍然十分赞同威尔的观点:通过提问帮助学生积极思考,这样理解和真正的学习才会产生。

六年前,戈温(Corwin)出版了我们第一本有关提问的书——《优质提问教学法——让每个学生都参与学习》。我们根据"QUILT"的框架组织该书的内容,并将我们和全国各地的教师合作时获得的经验也编入书中。我们一直坚信"QUILT"框架及其相关研究项目的重要价值。但是,优质提问的知识基础来自教师效能研究,因此,优质提问这个框架几乎一直聚焦于改善教师的行为。随着研究的深入,我们发现学生的行为,包括学生提

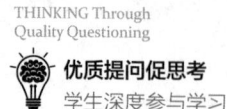

问的意愿和能力,和教师的提问行为本身相比,对思考和学习的影响更大。因此,我们将这部分内容及其相关工具也列入了教师的专业培养过程。

新框架

鉴于有机会再次写一本有关课堂提问的新书,我们有责任反思自己在该领域的研究成果,并重新考虑自己的思考方式,最终,我们总结出"优质提问促思考"这一新的框架,也就是本书内容的安排方式。这个新框架包含教师行为,但每个教师行为都与具体的学生思考成果和行为相关,因此,我们将原有设计框架的思路倒过来,从学生的行为表现出发来设计每一个教师行为。这个想法主要基于认知科学和学习科学的研究成果。当我们刚开展针对提问的研究工作时,原有框架还处于形成期,新框架的构建思想还未融入其中,但在设计"优质提问促思考"这一新框架时,我们不断研究教师教学有效性的相关文献,更加关注学习者。这个新框架以及相关的策略和工具适用于小学到大学的所有年级和课程领域。

这个新框架,就像原有框架一样,也是可变通的,我们也希望它能经受住时间的考验。此框架共包含五部分,每一部分又包含一系列具体的行为。

"优质提问促思考"框架

构建优质问题
- 确定内容重点
- 思考教学功能
- 规定认知水平
- 符合社会情境
- 精选语法和用词

促进学生思考
- 期待深思的回应
- 提供思考的时间
- 支持思考和回答
- 促进思维可视化

鼓励运用反馈
- 利用问题来评估学生进展
- 确定当前和预期的知能之间的差距
- 向学生提供反馈
- 运用反馈指导教学

提高反应能力
- 培养学生的责任感
- 培养学生优质提问的能力
- 为学生提供合作学习的机会
- 教授合作讨论的技能

培育思考文化
- 发展协作、关爱的关系
- 教授并强化提问与思考的规范
- 采用思维性语言
- 培养思维习惯
- 庆贺思维突破

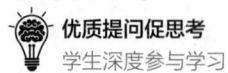

优质提问促思考
学生深度参与学习

本书的章节结构

本书第一章从学生的思考出发,将这一角度融入"优质提问促思考"的框架建构过程。之后的每个章节对应框架的五个部分及相关行为。我们希望你能够阅读并思考每一章节前面提出的"焦点问题",并在读完每个章节之后重新反思这些问题。

在每一章中,我们都会让读者进行反思。这些被称作"优质提问促思考"的提示可以帮助你监控自己的优质提问过程。

上面这个图标表示需要反思的问题,我们希望你能够浏览这些提示并将这些提示的内容和自己的个人及职业生活相关联。

在本书中,你还会看到这个指南针形状的图标,它表示需要注意的规范,指导师生如何在课堂中践行优质提问。我们尤其强调这些规范的重要性,因为我们相信这些规范是提高课堂上所有成员提问和思考能力的第一步。

本书前五章都包含"链接:培养学习者的能力"部分。设置这一部分是希望读者能够将该章节的主要内容与影响学生学习和成就的三个变量相关联:(1)学生的元认知;(2)学生的参与度;(3)学生的自我效能感。发展这三个变量可以将学生培养成为一个独立的终身学习者,使学生能够胜任全球社区公民的身份,从而做出深思熟虑的决定。而这个大桥形状的图标就被置放在每个"链接:培养学习者的能力"部分的开头。

我们将继续已经从事了 25 年之久的研究工作,致力于通过优质提问指导教与学,使每个学习者都参与其中。我们不断深入阅读和研究该领域的相关内容,并从大量的实践中学到了很多。例如,我们尝试着将优质提问这个方法应用到我们的教学当中,观察幼儿园到高中各个年级的课堂,和全国各地的教育工作者交流沟通,分享他们在应用优质提问这种教学方法时的成功及困难之处。当然,我们仍在不断地深入探究对优质提问的理解,也希望这本书能够帮助你致力于此。

杰姬·阿克里·沃尔什
贝丝·丹克特·萨特斯

目录 Contents

第一章　优质提问促思考的框架
优质提问如何促进师生的思考？　　　　　　　　　　　001

本章以思维驱动学生学习的课堂愿景开始。其中有两个框架。第一个框架包含发展和支持学生思考的教师行为，本书便围绕着这个框架展开。第二个框架则关注学生思考：指导和优化学生学习的一系列问题。

第二章　构建优质问题
激发学生思考和深度学习的问题有哪些特征？　　　　019

本章为致力于构建优质问题的教师准备了五个问题：(1)这个问题涉及哪些课程标准？(2)教学目标是什么？(3)这个问题将使学生的思考达到什么认知水平？(4)这个问题将在怎样的社会情境下提出？(5)这个问题的语词清楚地传达了题意吗？本章同时提供了工具，供教师在构建优质问题时参考使用。

第三章　加强"以思促学"的行为
教师和学生如何运用优质问题加深思考和改善学习？　　057

教师可以使用优质问题来发展和拓展学生思维，帮助学生理解真正的学习来自思考。关键策略有使用等待时间1和2来使思考发生，以后续问题作为支架支持学生思考，以及培养学生的自我管理和元认知技能。

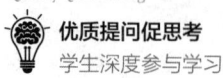

第四章　鼓励运用反馈
如何将提问以形成性评估和反馈的方式改进学生的学习？ _095

本章将优质提问作为形成性评估,并提供了一些策略,可用于:(1)保障问题达到形成性评估的要求;(2)确定当前和预期的知能之间的差距;(3)向学生提供反馈;(4)运用反馈指导教学。

第五章　培养反应能力
教师如何培养和提高学生的学习责任感？ _127

本章重点在于协助学生承担自己学习的自主权。使用回应模式,使所有学生参与思考与回应,这是培养学生反应能力的基本路径,其他路径包括使用合作学习法、鼓励学生提问,以及开展协作式讨论等。

第六章　营造思考文化
如何应用优质问题创建课堂文化,帮助师生共同优化思考和学习？ _161

第一章开头所描述的愿景无法在没有培育深思文化的课堂上发展和成长。本章整理了全书提出的所有规范,并将其作为基础来营造课堂文化,以期使思考得到期待、重视和庆贺。

附录 A　促进学习者积极参与思考的方法 _181

附录 B　形成性评估工具示例 _205

参考文献 _211

译后记 _221

第一章

优质提问促思考的框架

优质提问如何促进师生的思考?

焦点问题

1. 我们对学生的最终期望是什么 —— 我们需要抱有什么目的?
2. 当今课堂上优质提问的目的有哪些?
3. 优质提问的五大主要部分是什么?
4. 优质提问和学生的思维之间有什么关系?
5. 优质提问如何提高学生的参与度,增强学生的自我效能感?

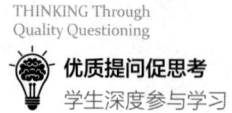

> 学习是思考的结果。
>
> ——大卫·珀金斯（David Perkins, 1992, p.31）

我相信，如果你的学生有以下这些表现，那么你的课堂一定非常活跃。例如，当学生遇到新的学业难题时，他们会不断地将手边的内容与自己的个人知识和经验进行比较、评判；这些学生还会将新内容和自己已经掌握的知识相关联，并且当新概念和自己已有的概念产生认知冲突时，他们会提出质疑。此外，当他们将学习目标转变为自己的个人目标时，会确立更加细化并合理的学业目标；他们还能解释清楚自己正在学什么以及为什么学，他们会将课堂学习目标和现实生活中的机遇与挑战相关联。

这些学习者在解决难题、建构意义时，会显现出好奇、独立、坚韧等一些优秀品质，还会与老师、他人，或者通过网络及其他渠道与人交流互动。他们会提出相关问题将学业内容和现实生活相关联，也会总结提炼学科内外的范式，提出并检验自己的假设，以更好地理解当前的内容，深入思考如何选择和评估论据、做总结，并且从不同角度看待当前的问题。

这些学生知道有意义的学习是一个长期的过程，他们平时会用不同的方法管理自己从而获得进步。例如，他们会消化教师提供的形成性反馈，灵活地应用先前制定的标准或量规进行自我评估和自我监控，通过反思每天的收获得到新的理解。他们已经习惯不断地巩固自己的学习。他们还常常会在学完一个单元之后产生问题，并不断地寻找问题的答案。这些学生向我们证明，学习应该是严谨的（思想上）、相关的（内容上）及联系的（已有的思想和新的思想之间，以及班集体的成员之间）。

现在，将这些期待应用到你的课堂上，你的学生身上吧！试着将这样的学习变成现实吧！

通过优质提问提高学生的参与度

现在的课堂已经不是你父母那个年代的课堂了！现今的全球化社会需要不一样的教学和学习方式，没有任何时候比现在更迫切地需要改变现今的课堂提问方式并发挥它的重要作用了。不久之前，教师进行课堂提问的目的主要是了解学生学会了什么——通常是评判学生是否已经记住需要记忆的内容。而且，就像我们大家都亲身经历过的那样，教师常常会一次点一名学生回答，其他学生安静地聆听，等待教师点到他们。尤其是当一名学生回答不正确时，教师就会叫另一名学生回答，直到有一个"出色的学生"（或者有时是教师自己）说出教师期望的答案。

虽然这种现象在现在的课堂上还是时有发生，但教师知道这种单向的提问模式并不能发挥优质提问应有的作用和潜力。如本书所述，优质提问不只是一个简单的帮助回忆、记忆信息的工具，相反，它应该是一个动态的过程，教师可以利用这个过程帮助学生达成认知和元认知层面的学习。这种层面的学习目的是帮助学生达到如下几点：

- 将思考聚焦到具体的学科内容
- 运用认知加工策略加深学生的理解，发展学生的长时记忆
- 提出问题以帮助澄清或拓宽理解
- 通过自我评估和形成性反馈来监控自己的表现，达到学习目标
- 通过运用结构性支架来引导思考，培养个人的反应能力
- 帮助建立一个融洽的课堂学习共同体，将积极思考发展为大家的共识

如本章前言所述，学生的这些行为再次证明学习应该是严谨的、相关

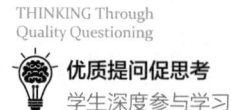

的和联系的。那么,大多数课堂是这样的吗?并不是。大多数学生会自发培养这些认知技能和思考习惯吗?也不会。大多数教师欢迎自己的课堂有这样的学生吗?是的!大多数教师能够培养学生这些认知技能和思考习惯吗?能够!这样的课堂会不会有挑战性?有可能。值不值得?答案是肯定的!至少,我们是这么认为的。但最后,这些问题还是要正在阅读这本书的你来解决,尝试着将其中的原理应用到你自己的实践中。

我们写这本书有两个目的——实际上,这本书的书名就有双重寓意。第一,我们通过案例证明优质提问是激发学生思考和学习的重要催化剂,基于这个理念,我们详细阐述了构成优质提问的几个重要部分,认知科学家和教师效能研究者认为这几个部分能够促进学生的思考和学习。我们还给学生和教师提供了可以运用的具体工具和策略,以期学生能够达到上述提及的预期目标。

第二,我们期望读者通过"优质提问促思考"明确优质提问的目的和潜能,并反思自己的个人经历。为此,我们插入了有关优质提问的信息和提示,帮助读者进行个人反思,开展合作性对话。下面就是我们的第一个提示。

> **优质提问促思考:**
>
> 　　重新阅读并反思本章提出的对学生的期望。你和你的同事能够实现这个期望吗?你的学生和他们的父母对这个期望有什么看法?

优质提问的组成成分

图1.1是一个指导教师运用"优质提问促思考"的框架,这个框架共有

五个组成部分,教师可以用其来促进和引导学生积极思考。

这五个部分并不是按部就班的步骤,而是一个相互联系的、动态的过程。但图1.1各个部分的顺序安排是有目的的,因为它们正好对应这本书的编写顺序,具体内容如下:

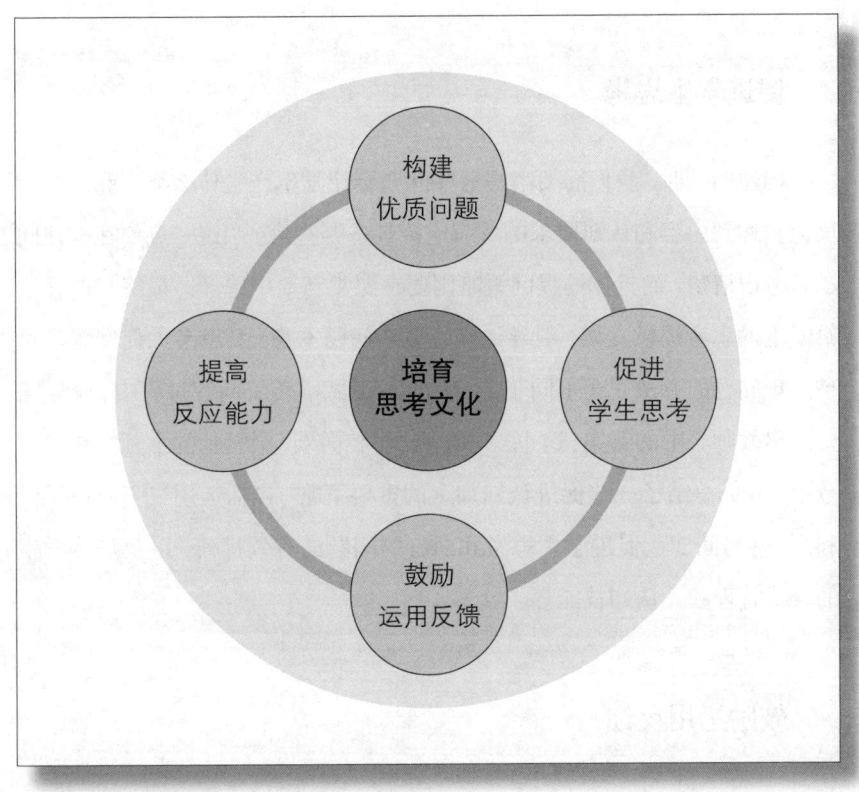

图1.1 "优质提问促思考"框架

构建优质问题

构建优质问题是优质提问的基本前提,所以我们首先要考虑的就是如何形成、创造与组合问题。如果问题和教学目的不一致,或者不值得学生

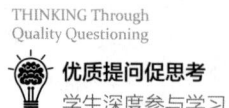

思考,那么我们就不用考虑其他功能了。在第二章,我们会重点介绍不同类型的、能激发学生思考和学习的问题。我们希望教师可以团队合作,一起将设计核心问题作为教学计划的一部分。第二章还包含构建问题的相关指导和工具。

促进学生思考

构建问题时,我们需要考虑这些问题会让学生产生什么类型和层次的反应。达到内容和认知要求的反应应该具备哪些特征?这一点要在构建问题时考虑清楚,而具体的提问策略则要在课堂互动中选择。最终目的在于给学生的思考提供支架,引导他们既思考问题本身,又思考如何回答。这种处理问题的方法完全不同于传统的问答方式。传统问答过程中,学生需要猜出教师心中的答案,这也是学生在"学校游戏"中学到的本领。在第三章中,我们总结了一些促进认知加工的重要策略,包括运用"等待时间1"和"等待时间2",促进学生思考和回答的问题的有效排列,以及培养学生的自我管理和元认知技能等。

鼓励运用反馈

优质提问的一个重要作用是用于形成性评估,给学生和教师提供形成性反馈。许多教师并不擅长从学生的课堂回答中判断学生在学习上存在的差距。另外,大多数学生也不知道如何最大限度地运用这些反馈来指导自己的学习。实际上,许多教师和学生通常都认为教师的反馈只是用来评价学生的答案正确与否的。在第四章中,我们主要将提问看作一种形成性评估的工具,并介绍一些运用形成性反馈来促进学生学与思的有效策略。

提高反应能力

第五章的目的在于通过优质提问,使每个学生都参与课堂的思考和回答,并在这个过程中培养学生的自我责任感。为了实现这个目标,学生和教师要摒弃旧的思维方式,从教师完全控制学生的思考,转变为教师和学生共同致力于培养学生自我管理学习的责任感。前文提到的每个功能对培养这种反应能力都有一定的帮助。在第五章中,我们还阐述了一些策略,用于培养学生对学与思的责任感,包括:(1)运用各种回应模式;(2)鼓励学生提问;(3)介绍一些培养学生成为自主学习者的工具。

培育思考文化

无论教师如何细心地应用这些优质提问的技能,如果没有一定的文化氛围,学生还是不可能形成积极思考的习惯,所以师生应该共同营造一种课堂文化氛围,期望、鼓励并珍视思考。第二章到第六章阐述的师生行为为营造这种文化打下了基础,第六章的规范和思维习惯对营造积极思考的氛围也有重要作用。

优质提问的五个组成部分都很重要,每个部分对学生的思考和学习都有一定的积极作用。毕竟学生的学习才是本书和课堂需要关注的重中之重。

优质提问促思考:

重新回顾"优质提问促思考"框架。你认为这五个部分对学生的学习分别有什么作用?当设计课程或学习单元时,这五个部分又能分别起到多大程度的作用?

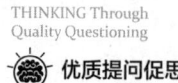

链接:培养学习者的能力

当学生可以积极自主地学习课程,且这个课程能够为学生提供去解决问题,去做出重要决定,去变得更具创造性,去拓宽自己的知识基础,去交流彼此的想法,去换位思考,去深思熟虑地反思的机会时,那他们一定会很出彩,不仅仅是在学校,校外亦然。

——克雷格·克里德尔和罗伯特·布洛夫
(Craig Kridel & Robert V. Bullough Jr.,引自 Wassermann,2009,p.5)

新框架的每个组成部分都包含了一系列促进知识掌握的行为、技能和策略。标准化学习和学业成就是学校和教师教学效果的重要体现。虽然基于研究的实践能够最大限度地优化学生的学习条件,但最终还是取决于学生自己有没有认真学。每个学生个体的整体表现才是社会评价学校和教师教学效果的根本依据。

不是所有学生在刚进入课堂时就对课业学习做好了充分的准备。众所周知,环境因素会对学生产生一定的积极作用,已有的背景知识也是人们经常提及的一个变量。我们并不否定其重要性,但本书探讨的学习者的能力主要是关于思维技能的——认知技能和元认知技能。

具体而言,我们主要关注影响学生学习的三个重要因素:(1)学生的元认知行为;(2)学生的参与度;(3)学生的自我效能感。有关这三个因素的研究和文献非常多,且每日都在增加。我们的目的主要是希望你思考如何运用优质提问来协调这三个因素。

学生的元认知

那么,我们如此强调优质提问的组成部分和应用原则,目的是要培养学生哪些思维呢?想要发展学生哪些行为和能力呢?且这些思考行为如何提高学习和成就水平呢?我们对学生的学习期望,如前文所述,就是对这些问题的回答之一。具体有六个指标,每个指标都以问题的形式呈现,共同构成一个循环圈,如图 1.2。

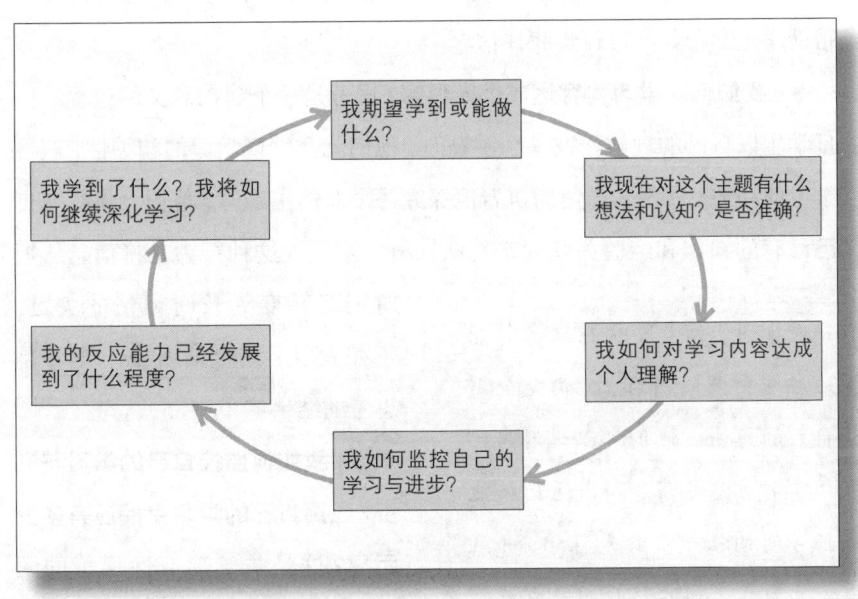

图 1.2 学生学习和思考的循环圈

· **我期望学到或能做什么?** 这个问题是学生每次上新课或者学习新单元时的重要出发点。如果学生想要管理自己的学习并进行自我调节,那么他们必须清楚自己需要掌握什么以及为什么要掌握,且他们要能够用自己的话解释清楚,也就是阐明自己的学习目标,这是学生自主学习的核心要

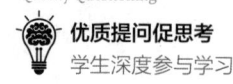

素。一旦确定了学习目标,他们就能够建立短期目标,并通过理解和运用教师给出的形成性反馈,实现最终的目标。

・**我现在对这个主题有什么想法和认知?是否准确?** 当学生思考前一问题时,他们会激活存储的旧知,检索能够与新知建立联系的经验和理解。而当学生思考后一问题时,他们就可以学到更多东西了;他们开始思考自己的知识是否正确或者完整。此时,有智慧的教师就会使用诊断性问题,这不仅能够:(1)在开始正式教学之前发现学生需要纠正的误解;(2)完善学生的旧知,补充学生会用到的准确的知识和理解,还可以:(3)帮助学生学会如何进行自我评估。

・**我如何对学习内容达成个人理解?** 思考是一个建构意义的过程。一旦学生以自己的理解研究一个主题时,他们就会发现学习的相关性,获得学习的动力。另外,当他们执着地探究一个新的主题时,他们会将其与自己已有的知识和经验关联起来。认知科学家发现这种行为是将信息从短时记忆转变为长时记忆的关键。正如大卫·珀金斯所说:"学习是思考的结果。"(p.185)

・**我如何监控自己的学习与进步?我离自己的学习目标还有多少距离?** 这是关于形成性评价的问题。部分学生通过接收并处理教师的反馈对此做出回答;擅于思考的学生还会不断地进行自我评估和自我监控。也就是说,他们已经学会管理自己的学习。

・**我的反应能力已经发展到了**

> 一般来说,如果学生在思考时能够描述脑中所想的内容,他们就会更清楚自己的想法。他们可以说清自己正在用哪种方式思考,列出运用技能完成任务时的任一步骤或程序,并且可以说出自己采用的路径以及到达既定阶段前所遇到的困难。
>
> ——斯沃茨、科斯塔、拜尔、里根和卡利克
> (Swartz, Costa, Beyer, Reagan, & Kallick, 2008, p.112)

什么程度？教师对学生的反应能力有较高期望时，他们会帮助学生明白自己在通过优质提问改善学习和思考这一过程中扮演的重要角色。当学生监控到自己在这方面获得的进步时，他们就真正变成了能够自我监督自身发展的终身的、自主的学习者。这也是现今许多学校追求的目标：培养终身学习者。但有时候，教师、学生和家长都不是非常清楚这意味着什么或这需要哪些技能。当学生处于这个思考阶段时，他们会有意识地分辨并评价能带来这种结果的行为。

·我学到了什么？我将如何继续深化学习？这是对学生的一个总结性评估。当学生学完一个单元（或一堂课）时，他们需要时间和工具来总结一个阶段的学习，并加以巩固，且为未来的学习设置新的目标。学生和教师一样，都需要时间进行反思，改善自己的表现。有时，这些学习目标是预习下一单元的课程；但有时，也可以让学生自主学习课外知识。

大多数学生刚进学校时，并没有掌握这些思考技能，他们也不会在学校学习时有意识地培养这些技能。但是，研究发现：(1) 掌握这些技能的学生会比同伴学得更快，也学得更好；(2) 学生能够学会这些技能；(3) 大多数学生需要教师的亲自指导来掌握这些技能（Darling-Hammond et al., 2008; Holyoak & Morrison, 2005; National Research Council, 2001）。贝克（Baker, 2005）还指出元认知

> 元认知在童年期和成年期逐渐发展。不能简单地断言一个小孩"有"或"没有"元认知知识或监控能力。元认知在程度和种类上有所不同，其与成就的关系也随时间而变化。有证据表明，孩子在小学初期就开始使用简单的复述策略，但是直到初中或高中之后才会开始应用复杂策略来理解文本。
>
> ——贝克（Baker, 2005, p.63）

的另一个重要特征：它是可发展的，可以从低年级开始培养，随着时间逐渐发展。优质提问也是发展和培养高质量的思考行为与思考技能的重要方式。

优质提问的内容和原则适用于中小学和大学的各个年级，也适用于各个学习领域。学生学习的循环圈也适用于所有学习情境中所有年龄的学生。但循环圈中的行为和技能必须通过儿童教育中的课程逐渐培养。

学生的参与度

优质提问是促进学生积极参与的重要工具，尤其当我们认为学生有意义的学习是检验其有没有真正参与的重要试金石时。菲尔·施莱蒂（Phil Schlechty, 2002）指出，当分配给学生或者鼓励学生完成的任务、活动或者工作是实现某种具体的、有意义的结果，或者能让学生获得即时利益时，真正的参与更容易发生（p.1）。琳达·达林·哈蒙德等（Linda Darling-Hammond et al., 2008）的报告指出，真正的参与和学习包含如下几点：

- 让学生"**积极主动学习，**这样他们就会自发应用并检测自己所学的知识"
- 能够"**与已有的知识和经验建立联系**"
- "诊断学生的理解水平，**为其接下来的学习逐步建立支架**"
- "**持续评估学生的学习**"，并及时调整教学以满足学生的需求
- 做到"**标准清晰，反馈及时，练习有力**"
- "鼓励**策略性思维和元认知思维，**这样学生能够学会自我评估并进行自主学习"（p.5）

优质的问题和提问策略有助于提高这本书里详细阐述的各个方面，但不幸的是，不是所有的教育工作者都能清楚地解释学生参与的具体含义（City,

Elmore, Fiarman, & Teitel, 2009, p.11), 一部分原因是我们对上面琳达·达林·哈蒙德(2008)列出的几点内容里的一些重要概念并没有达成共识。

为了方便读者更好地思考提问和参与之间的联系,我们给出一幅图,这幅图被理查德·艾尔默(Richard Elmore, City et al., 2009, pp.22—37)和哈佛大学教育研究生院的同事们大力提倡,名为"教学的核心"。这幅图(图1.3)基于密歇根大学的科恩和鲍尔(Cohen, Raudenbush, & Ball, 2003)的著作,由学习和教学的三个核心要素构成,即:(1)学生,(2)教师,(3)内容。这一理论指出,这三个要素两两或三者的互动都利于有效教学和学习结果的实现,且只有当这三个要素或者它们两两及三者之间的关系得到改善时,真正的学习才会发生。

> 寻找事物的意义是产生动机的核心源泉。学生必须有探究的欲望,能够发展学习上的好奇心,并渴望理解,进而主动找寻答案。
>
> ——霍布金斯(Hopkins, 2010, p.19)

我们认为优质提问能够增进学生和教师之间的互动,加强学生和内容及教师和内容之间的相互关系,这样既能提高学生的参与度,又能促进学生的学业进步。

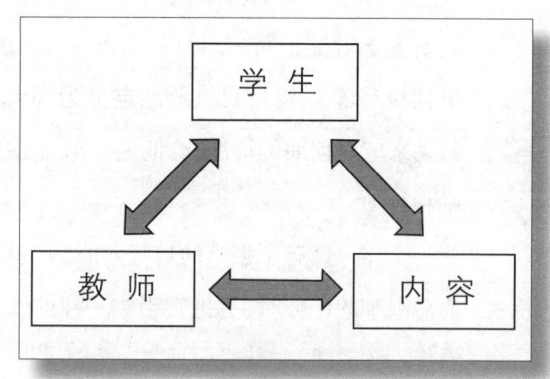

图1.3 教学的核心

来源:City, Elmore, Fiarman, & Teitel(2009)。

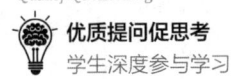

> **优质提问促思考:**
> 考虑优质提问究竟是如何改善核心要素的。具体而言就是,你认为优质提问是如何增进核心三要素两两及三者之间的互动的?

学生的自我效能感

"我一定可以;我一定可以;我一定可以。"这些低语在盖恩斯(Gaines)夫人的一年级课堂中回荡着,杰姬第一次做老师时也是教的一年级,从《勇敢的小火车头》(*The Little Engine That Could*, Piper, 1930)开始,这也是她童年时期最喜欢的书之一。我们都有过这样的经历,即相信自己有能力完成一个具有挑战性的工作,并且一直坚持到最后。斯坦福大学的心理学家和研究学者艾伯特·班杜拉(Albert Bandura)一直致力于这方面的研究。班杜拉(2005)将自我效能感定义为"相信自身有能力组织并实施一系列行动来应对预期的情况"。他说:"效能感会影响人们的思考、感受、自我鼓励和行动。"(p.2)

个体一旦有了强烈的自我效能感,就会产生"我可以"的态度:他们在面对艰难的任务时,会把它当作一种挑战,试图学到新的东西,而不会把它看作一种威胁,对其避而远之。

具体而言,有强烈的自我效能感的人,常常会有以下这些表现:

· 面对危险情况时,有信心能够控制局面(这些个体和缺乏这一品质的人相比,显得与众不同,缺乏该品质的人似乎会有一种"习得性无助感"或者受害者心理)

· 为自己确立有挑战性的目标,并会一直坚持直到实现

·将失败归因于不够努力或者没有掌够足够的知识或技能,而不是能力不足、自卑、运气差或其他因素
  ·面对失败时会继续努力,迎难而上
  ·经历失败或挫折后能迅速恢复自我效能感

自我效能感和自我学习管理呈正相关,自我学习管理也是学生元认知的重要部分。研究者发现,有自我效能感的学生与缺乏自我效能感的学生相比,会给自己设立更高的目标,并选择更加有效的学习策略。(Schunk & Zimmerman,1998,p.3)

班杜拉(2005,pp.2—4)总结出四个影响自我效能感的因素,优质提问对这四个因素都有一定的积极影响:

·**个人目标达成度**。如果学生确立并实现了有挑战性的目标,他们的自我效能感就会不断增长。相反,如果失败,或学习目标不清晰,或学习没有进展,学生的自我效能感就会受到打击。

  ○*优质提问的潜在影响*:教师通过提问将其对学习和思考的期望明确地传达给学生,这样就更方便学生确定自己的短期和长期学习目标。第二章《构建优质问题》中就介绍了一些达到上述目标的工具。

·**社会情境中的替代性经验**。班杜拉说过:"看到和自己同等水平的人通过坚持不懈的努力获得成功时,观察者会认为自己也有能力完成相似的任务。"(p.3)

  ○*优质提问的潜在影响*:在第五章《培养反应能力》中,我们建议教师可以有目的地将学生置于合作性社会情境下,激发学生的反应意

优质提问促思考
学生深度参与学习

识。教师可以计划用某个学生的想法和回应来鼓励其他学生进一步大胆主动地思考,这就是通过社会情境提高并激发学生的自我效能感。

· **言语劝说**。教师和同伴的鼓励,或者有意义的反馈,都会影响一个学生对自己的自我效能感的认知。

。*优质提问的潜在影响*:当教师告诉学生,每个同学的回答都很重要,都是学习和掌握的重要前提时,学生就会更有自信心,会敢于大胆思考,积极回答。本书第三章和第四章通过检验得出结论:一系列的提问行为会鼓励和增强学生的自我效能感,使学生相信自己有能力掌握规定的标准内容。

· **心理状态和社会环境**。班杜拉发现,当个体对某种环境感到相当舒适,且觉得挑战难度不大时,其自我效能感会有显著提升。

。*优质提问的潜在影响*:当学生在课堂上能够:(1)不害怕犯错;(2)自觉帮助其他同学;(3)尊重并信任学习体的所有成员;(4)主动培养严谨、灵活的思维习惯时,这样的课堂文化对发挥优质提问的作用尤其重要,能更好地促进学生的思考和学习。第六章详细阐述了这种文化的具体特征,并具体介绍了这种文化和学生成就之间的关系。

优质提问促思考：

　　反思你和内向的学生相处的经历，他们也许在回答课堂问题时总是犹豫不决或者比较保守。再寻找一个通过你的帮助和鼓励而转变成一个更加大胆主动的回应者的案例，思考你是怎样使这个学生愿意并且能够回答问题的？

第二章

构建优质问题

激发学生思考和深度学习的问题有哪些特征?

> **焦点问题**
>
> 1. 我们期望优质问题能够培养学生哪些思考和回应的品质?
> 2. 为什么构建问题是课堂规划的一个重要部分?
> 3. 构建优质问题要注意哪五个核心要素?
> 4. 教师可以运用哪些工具和策略来构建优质问题?
> 5. 回答的方式是如何影响问题的构建的?

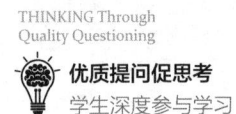
THINKING Through Quality Questioning
优质提问促思考
学生深度参与学习

> 必须花费更多的精力来设计值得提出的问题,因为那样的问题对于学生的理解来说至关重要。
>
> ——保罗·布莱克、克里斯汀·哈里森、克莱尔·李、贝森·马歇尔、迪伦·威廉姆
>
> (Paul Black, Christine Harrison, Clare Lee, Bethan Marshall, & Dylan Wiliam, 2003, p.41)

优质问题的目的之一:使学生在与教师和同伴的互动过程中学习教学内容,从而增进理解,达成对课程目标的掌握。这就需要学生成为一个了解自己并会主动思考的人。作为教师,我们的挑战就是通过构建问题来帮助学生达到这样的结果。

表2.1展示了我们希望教师通过提出优质问题对学生带来的积极影响。作为教师,我们需要询问自己:我们提出的问题有没有给学生带来这样的影响?

构建这样的优质问题是一个比较复杂、严谨的工作,适宜整个教师团队合作规划和设计教学。优质问题不是在教学过程中临时起意的,更不能和课堂教学规划分离开来。因为优质问题是教、学和评的核心,所以不能任意处之。与我们合作的一些经验丰富的一线教师都认可团队合作设计的重要意义。"但是,等一下!"你也许会说……

"我根本没有时间在课前提早设计问题!"

"直接使用教师手册上的问题怎么样?我可以运用自如,过去我一直用这些问题。"

"我不喜欢被束缚在已经设计好的问题里面,我宁愿跟着课堂上的感觉走。"

表 2.1 学生对优质问题的预期回应

掌握内容	参与度	认知水平	同伴互动
• 理解问题问的是什么,涉及哪些内容 • 回答符合问题的要求 • 回答中有正确的事实性知识、概念性知识或者操作性知识 • 将当前的问题和其他学科甚至校外生活的内容建立联系,寻找相关性 • 明确元认知能到底是如何改善个人学习的	• 认真听取教师和同伴提出的问题以及给出的评价 • 有疑问时主动提问 • 好奇时主动提问,提出假设,和他人分享学习资源等	• 知道回答问题需要达到什么样的思维水平 • 根据问题要求的认知水平来组织答案 • 根据教师或同伴的提示或引导进一步扩展或完善原来的答案 • 在同伴回答的基础上进一步拔高自己的思维水平 • 思考问题时经常使用思维性语言,如动词"比较""对比""思索" • 能够在细致分析的前提下以开放的态度论证自己的观点	• 帮助其他学生,给出解释或者直接提供帮助 • 监控小组成员的参与情况,即既要自己主动发言,又要鼓励同伴发言 • 尊重其他学生及其回答(即使回答有误);团队合作时,应该积极引导同伴,纠正错误理解 • 围绕一个开放的话题展开讨论时,尊重大家提出的不同观点

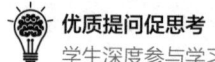

如果和同事合作设计问题的想法遭到如上这样的反对,那么我们得解释一下:我们将优质问题定义为——教师在规划课堂教学时,设计一定数量的问题,激发学生思考,并用第一章导论部分介绍的方法鼓励学生积极参与课堂。每天的日常教学,教师只要提前准备 2 到 5 个优质问题就可以了。但实际上,研究者发现,现今中小学教师在课堂上平均每小时要提出50 个问题(Walsh & Sattes,2005,p.12)。因此,我们希望教师可以从关注问题的量转变为关注问题的质,这种转变实际上需要付出额外的时间和努力,正如一句谚语所说:"有价值的东西都来之不易。"

构建问题是一个比较严肃的任务,因为它既很复杂,又要考虑多个方面。要想构建的问题能够达到表 2.1 的效果,就必须考虑如下五个非常关键的维度,这里都以问题的形式列出,以供教师反思:

·我们期望这个问题能使学生思考哪些内容?这个问题涉及哪些课程标准和相关学习目标?

·问题如何影响学生的参与度和学习?

·我们期望这个问题能激起学生哪种程度的思维水平?

·学生将在怎样的社会情境下学习(例如,全班、合作小组、个体)?

·我们如何构建和组织问题的语言,使学生能够理解问的是什么?

表 2.2 给出了一个问题设计的模板,这个模板包含了上面提及的五个维度。在构建优质问题时,这个模板对教师个体或教师团队都是有用的工具。

> **优质提问促思考:**
> 　　虽然构建优质问题需要花费大量的时间,是一个比较复杂的任务,但考虑到这将会对学生和教师所发挥的重要作用,它就值得了。

第二章 构建优质问题

表 2.2 问题设计模板

内容重点	功能	期望达到的认知水平	情境	语法
这个问题考察哪个学习目标？ • 这个问题考察哪一维度的知识？ **（精准性）** ◦ 事实性 ◦ 概念性 ◦ 程序性 ◦ 元认知 • 这个问题如何做到符合学生的实际水平、兴趣和经验？ **（相关性）**	这个问题想要深入发挥哪些教学功能？ • 核心问题（贯穿每节课或整个单元） • 激发性问题（激发动力/鼓励参与） • 诊断性问题 • 激活先前的知识和概念 • 检验是否理解（进行形成性评估）	这个问题将使学生的思考达到什么水平？ • 为你设计的课合学生认知水平的分类，再逐步提升认知水平 • 将不同的认知水平介绍给你的学生，然后让他们针对不同水平的问题做出回答	学生将在怎样的社会情境中学习？ • 单独？ • 两人一组或者多人团队合作？ • 整个班级或者教师引领的小组？ 在确立问题涉及的内容及初步的主题时，初步的主题在极大程度上决定了问题的难度，且为学生的思考和学习建立支架发挥了非常重要的作用。	怎样的句式能够最好地表达问题的意思？ 不是所有问题最后都会有一个问号！句式的选择还是要看这个问题要求学生怎样表现或回答。下面列出几种问头问题和书面问题的类型，以供参考：

023

续表

内容重点	功能	期望达到的认知水平	情境	语法
这个问题如何使学生将新知与旧知联系起来——学科内或者跨学科（**联系性**）	• 引导/支架（引导学生思考；帮助学生深化概念） • 推论（得出结论） • 解释（要求分析） • 迁移（将已学知识或技能应用到新的情境中） • 假设（锻炼因果思维） • 反思（培养元认知思维）	例如，布卢姆的认知目标新分类（Anderson & Krathwohl, 2001）就给出如下不同的认知行为： • 记忆 • 理解 • 应用 • 分析 • 评价 • 创造 其他常见的分类还有马扎诺的教育目标新分类（Marzano & Kendall, 2006）；韦布的知识层次论（Webb, 2002）；三层智力图（Walsh & Sattes, 2005）。	个人单独解决问题时，问题的难度应处于学生的最近发展区，也就是说，问题需要有一定难度，但不能超出学生的能力范围。在练习复习时，采用个人单独作答的方式比较合适。 和同伴合作解决问题能够使学生处在社会情境中，需要时学生还可以获得同伴的帮助。 教师带头提问可以看作一种引导，带领学生探索更复杂和更具挑战性的问题。	• 简单疑问句（例如，墨西哥海湾石油泄漏的主要原因是什么？） • 引导性陈述或者论证题（例如，你认为墨西哥海湾石油泄漏的主要原因是什么？为什么？） • 情境性问题（例如，2010年4月20日，海底深水钻井平台发生爆炸，媒体对爆炸的起因给出多种猜测，你认为哪几个因素是造成此次爆炸的重要原因？请列出二到四个）

确定内容重点

设计问题的第一步是考虑内容——问题的主题。我们希望学生思考什么概念、思想、原理或现象？这是检验问题是否优质的第一步，即问题是否具有精准性、相关性和联系性。

判断一个问题是否精准，可以看它聚焦的内容是否与教学单元或这堂课的课程标准和学习目标一致。大多数标准要求的知识内容都分布在布卢姆的认知目标新分类（Anderson & Krathwohl, 2001）的四种**知识维**中：(1) 事实性知识；(2) 概念性知识；(3) 程序性知识；(4) 元认知知识。这些知识维和**认知过程维**相互交叉，共同构成了布卢姆的认知目标新分类表。原先的布卢姆认知目标分类只有一个维度，这在本章后面还会讨论，它无形中使教师容易混淆客观知识和思维成果这两个不同的概念。表 2.3 布卢姆的认知目标新分类表就是用来区别客观知识和思维成果的一个工具。

作者（Anderson & Krathwohl, 2001, pp.45—60）将表 2.3 聚焦的内容总结为如下四点：

- 事实性知识：术语知识、具体细节和要素的知识；
- 概念性知识：概念、类别、分类、原理、概括、理论等知识；
- 程序性知识：技能、算法、技巧、方法，以及具体学科中的类似知识；
- 元认知知识：自我学习和思考的知识，自我评估和自我管理策略，以及其他策略知识。

通常，我们的第一直觉是，涉及事实性知识的思考都是低阶的思考，其实并不然。我们不妨来思考一下这个问题：飓风"卡特丽娜"和深水钻井井喷都对美国墨西哥湾海岸造成了巨大损害，试比较这两个灾害给美国带

表 2.3　布卢姆的认知目标新分类表

知识维	认知过程维					
	1. 记忆	2. 理解	3. 应用	4. 分析	5. 评价	6. 创造
A. 事实性知识						
B. 概念性知识						
C. 程序性知识						
D. 元认知知识						

资料来源：Anderson & Krathwohl, A TAXONOMY OF LEARNING, TEACHING, AND ASSESSING, Table 3.1 "The Taxonomy Table" p.28, ©2001 by Addison Wesley Longman, Inc. 经 Pearson 教育公司许可引用。

来的社会和经济问题。那么，学生会运用哪些知识来回答这个问题呢？显然，他们必须知道关于这两个事件的事实性知识，以及社会和经济方面的概念性知识，但问题侧重于这两个事件的事实。或者，教师还可以这样问学生：飓风"卡特丽娜"带来了哪些后果？深水钻井井喷如何影响了美国墨西哥湾海岸居民的生活？这两个问题也将侧重点放在了和事件有关的事实性知识上。

那么，上述两种问法哪种更能激发学生的思考呢？哪种更能帮助学生处理事实性信息，并将其存入长时记忆呢？哪种更具精准性呢？如果你的回答是第一种，那么你就答对了。第一种问法要求学生在更高的认知水平上处理信息，如题中所说，学生需要运用信息进行比较。有研究发现清晰地证明了这一点：当学生使用高级认知思维对事实和信息进行编码时，他们更易将信息存入长时记忆，且记住的时间更长（Hunkins, 1995, p.20; Sprenger, 2005, pp.66—79）。

一个问题涉及的知识领域**并不能**决定其是否能够促使学生进行高级的思考。无论学生是思考事实性知识、概念性知识、程序性知识还是元认知知识（知识的四种分类），决定其思维层次的还是他在思考过程中的认知水平，这一点我们会在下文进行讨论。这些年在与一线教师的合作过程中，我们发现原先的布卢姆认知目标分类（Bloom, 1956）将最低级别的认知水平定义为"知识"，与"回忆"相对应。对此，教师理所当然地认为，要使学生在高风险测试中表现良好，学生需要学习知识，学生要想成为将来对社会有用的人，需要学习大量知识。实际上，知识是一个广义的概念，并没有思维等级的区分，也不能代表某一个认知水平。但布卢姆的认知目标新分类（Anderson & Krathwohl, 2001）通过建立两个不同的维度——知识维和认知过程维——避免了这样的混淆，并促使教师积极思考这两个不同维度相互交叉的各种结果。

确定内容重点的第一步是参考课程标准,第二步就是探索如何使问题和学生相关联,促使他们深入思考。课程内容是否能和学生的兴趣、经历及其他学科建立联系?莱拉·克里森伯里(Leila Christenbury),一个初级英语教育工作者,和她的同事帕特·凯莉(Pat Kelly,1983)利用图2.1"问题环"来解决这个问题。图2.1表明,教师可以帮助学生将大多数学习内容和他们的校外生活或者其他学科的内容建立联系。

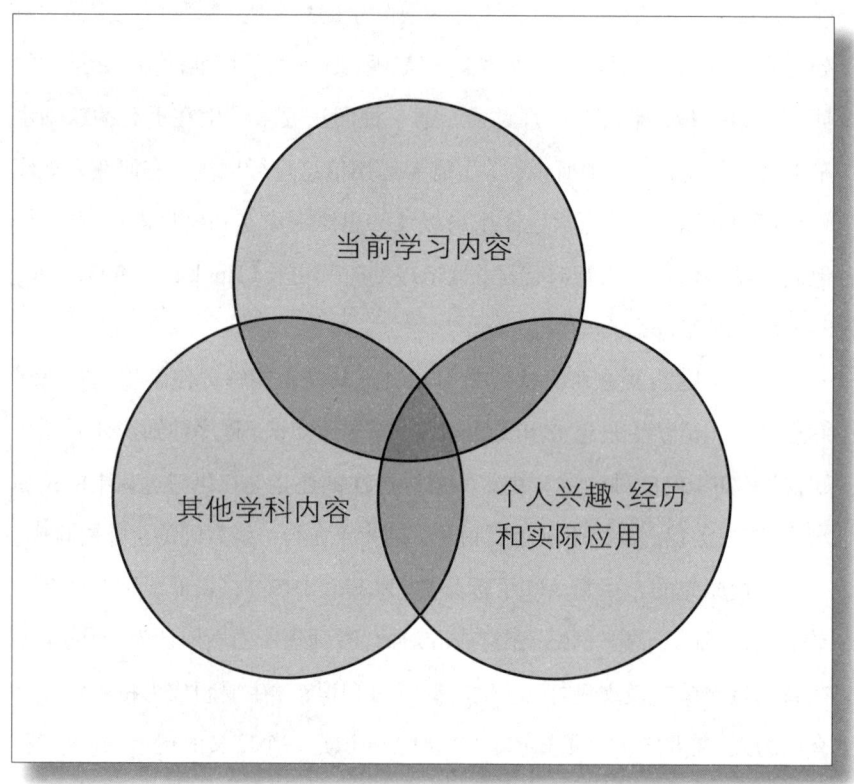

图2.1 问题环

来源:改编自 Christenbury & Kelly(1983)。

让我们重新回到墨西哥海湾石油泄漏和飓风"卡特丽娜"的问题，探索帮助学生将当下的学习内容（如自然灾害）和他们生活的其他领域联系起来的可能性。下面给出一些例子：

英国石油公司的深水钻井爆炸对自然环境，包括对动物的生活都造成了一定破坏。墨西哥海湾事件带来的自然环境灾害是如何影响你和你家人的生活的呢？请给出你的回答并解释。（结合自己的个人生活）

石油的哪些成分会对野生动植物造成伤害？（结合其他学科的知识）

许多新奥尔良居民因为堤坝坍塌引起的水灾而失去自己的家园和其他财产。建造堤坝的目的是什么？堤坝一般建在哪里？（结合其他学科的知识）

假设某种不知名的力量毁坏或者摧毁了某个你非常珍惜的东西，你会如何处理这件事？为什么？（结合自己的个人生活）

根据克里森伯里和凯莉（Christenbury & Kelly, 1983）提出的"问题环"中的三者之间的联系来设计问题，对此，大多数教师可能都很赞同，能够意识到这种做法的重要价值；实际上，大脑研究者和认知科学家的最新发现也已经证实了这种联系的意义。这些研究发现证明，当我们将大脑中的一个既定事实或者概念和其他领域的信息建立多种突触（联系）时，长时记忆会因此增强。认知科学家将这种现象叫作"知识整合"（Linn, 2009, p.250）。

思考教学功能

确定内容重点只是设计问题的开始，设计者以此来确定"**问什么**"。但真正开始设计时，教师首先需要考虑这个问题的功能，为此，教师大多根据

表 2.4 问题的类型与功能

问题类型	教学功能	示例
核心问题 • 开放式的、基于概念的 • 围绕一个主要的思想或概念整合事实性内容	**显示一个单元的学习重点，可置于教学目的或目标中** • 帮助学生从概念层面思考问题，建构知识结构或心理表征，促进知识的迁移 • 帮助学生检索图示，建构意义 • 引导学生发掘各种思想及其意义，促进归纳学习 • 帮助学生利用高阶思维思考问题（Erickson, 2002, pp.90—91）	• 自由的界限是什么？ • 为什么不同的文化对"美丽"的定义不一样？ • 如何发现数学模式？ • 电子文化是如何影响我们的大脑的？
激发性问题 • 用于激发学生的好奇心或兴趣 • 没有唯一的标准答案 • 常置于课堂或单元的核心处 • 用简单易懂的语言表达	**激励学生主动参与新知识的学习** • 即使学生已知内容很少，也能回答和参与其中 • 使得学生将他们的已有经验、观点和创造力用于对新知识考和推测 • 促使学生成为研究者 • 鼓励学生变得有趣且具有冒险性	• 假设你生活在 200 年前的美国，根据你的喜好和兴趣，你认为和今天相比，当时的社会有哪些优势和福利？ • 如果你可以变成海里的任何一种动物，你想变成什么？并说明理由。
诊断性问题 • 常用于单元和课堂教学设计的关键部分 • 多由教师提出，常借鉴先前某一概念的教学经验——围绕以前遇到的概念的或技能难点设计问题	**激活与新单元或课堂相关的原有知识和概念** • 激活原有知识和想法：（1）用于判断这些知识和想法的对错（假设是正确的）和帮助学生将已有知识和新知识建立联系；（3）用于发现并纠正错误观念	• 因为地理位置的原因，我们能够体验一年四季的变化，但我知道赤道一年四季就很弱，你怎么理解赤道没有四季呢？

030

续表

问题类型	教学功能	示例
这种类型的问题常出现在笔试检测中或《先前知道—想要知道—已经掌握》（Know, Want to Know, Learned，简称 KWL）等图表中	• 使学生主动通过与原有知识和先前经验建立联系的方式来学习新知 • 帮助教师了解学生是否已经准备好学习新知	• 从这个学期开始，我们将学习美国地理这一学科，包括了解 50 个州的地理位置及其相应的首府。请列出你记得的所有州的名字，并在你已经去过的州旁边标上记号。
检测学生是否理解的问题 可以在课前预先计划好，也可即兴提问。如果是预先计划好的，则是教师用作形成性评估的工具，教师可收集实时信息，确定下一步教学计划，学生也可用来调节自己的学习策略 如果是即兴的，当教师感觉到学生并没有跟上课堂的逻辑节奏时，可以提出相应的问题来确认学生是否如此	**考查学生离学习目标还有多少距离** • 帮助教师评估学生的进度，纠正学生的错误观点，或者补充额外信息以填充学生的知识空缺 • 是最容易、最方便运用，也最有成效的形成性自我评估方式之一 • 为学生进行自我评估提供机制	• 计算棒球投手的平均得分时需要运用哪些数学运算公式？ • 为什么美国西部和西南部地区用西班牙语命名的城市要比其他地区的多？ • 记下三个单词有什么拼写规则：weight, neighbor 和 reign?
支架性问题 • 常用于师生和生生对话中 • 多用于学生的回答不正确、不完整或不清晰时	**帮助教师发现学生背后的思考过程，并提供支架帮助学生澄清和理解** • 试图帮助学生澄清或拓宽对某种知识的理解（或者纠正某个错误理解） • 为学生的思考、理解和学习提供支架	• 你刚刚说你并不赞成全球变暖这个说法，请告诉我们为什么你会这么想。 • 之前，你告诉我们，你认为早期定居者虐待美洲土著，你能否给出具体的案例？

续表

问题类型	教学功能	示例
推理性问题 • 要求学生在应用中得出一个暂时的结论 • 吸引学生主动思考，将其作为课堂设计的一部分 • 要求学生综合处理信息并得出一个可能的结论	要求学生通过已知信息或证据，做出一个暂时的结论 • 鼓励学生寻找线索或证据，分析并做出可能的推论 • 要求学生填充缺损信息 • 促进批判性思维的发展	• 一般情况下，电视节目，尤其是24小时新闻频道，会极大地影响当代美国人对政治人物的看法。请在我们学过的总统中选择一位，阅读一篇他的个人自传，写一篇二到四页的论文，阐述如果他生在有电视的年代，他的政治生涯会有什么不同，并给出你的理由。
解释性问题 • 要求学生先自己理解，并/或自主评价当前的学习内容 • 要求有明确的评价标准或解释依据 • 也许更适合要求做书面回答	征求学生对某个作品（如一首诗）、某个事件（如和平会议）、重要思想或概念（如和平）的看法 • 鼓励独立思考 • 提供评价或判断的机会 • 允许学生基于一定标准组织和表达个人观点	• 重新审视国歌《星条旗》(The Star-Spangled Banner)的歌词。思考你对这些歌词的看法。思考这些歌词对作者弗朗西斯·斯科特·克伊(Francis Scott Key)来说有什么意义。 • 你认为《杀死一只知更鸟》(To Kill a Mockingbird)里对哪个人物对读者的影响最深刻？并给出理由。
迁移性问题 • 要求学生在全新的情境中应用所学 • 如果这个学生真实生活情境有关，那么学生学习的联系性可以得到提高	要求学生在陌生情境中应用新知 • 帮助学生内化知识并将知识存入长时记忆 • 给学生一些挑战，激发动力 • 帮助学生建立自信心和自我效能感	• 这周，我们学习了如何计算各种几何图形的面积，所以家庭作业是计算我们家里某个房间的面积。要求使用我们课上规定的测量标准计算房间的尺码，并标上尺寸，在图纸上标好房间的尺码，并标上尺寸，然后计算出房间的大小。

续表

问题类型	教学功能	示例
开放性问题 • 让学生思考"如果……就……"这样的问题 • 开放性的；没有标准答案	培养学生进行假设的能力 • 引导学生提出基于事实的猜想 • 指导学生就因果关系进行思考 • 课堂上提问学生	• 观察下方的数列，猜想接下来的数字是什么。 • 我们已经读了故事的上半部分，你认为故事会怎样结尾？给出理由。
反思性问题 • 要求学生对当前学习内容的掌握情况先进行自我评估 • 课堂安排应有一定策略，发展学生对学习的自我负责意识	让学生自我思考对学习和思考的投入度 • 促进学生元认知思考 • 培养学生自我管理和自我评估的能力	• 课堂上经常要记忆一些事实性知识。你用了哪些策略？哪些策略对你来说最有用？ • 思考你是否已掌握这个单元的学习目标。你已掌握了哪些知识和技能？你感觉还有哪些地方要花额外的时间和精力？

教学需要来确定。优质问题在任何课堂上都可以实现多种目的。表 2.4 罗列了 10 种常见的问题类型，并分别附上了相应的教学目的和示例问题。表 2.4 并不是对各种问题类型的教学目的进行一个简单的罗列，而是从大体上涵盖教师认为重要的所有教学目的。

表 2.4 中的 10 种问题类型及其教学功能都不是相互隔绝的。以如下这个激发性问题为例：假设你生活在 200 年前的美国，根据你的喜好和兴趣，你认为和今天相比，当时的社会有哪些优势和福利？激发性问题可以激起学生的好奇心并激发他们学习的动力。我们认为上述的示例问题可以激起年轻人的好奇心，让他们去探索和学习 19 世纪早期的美国文化。但是，有人会认为这个问题也可以归为推理性问题，因为它要求学生查找和分析证据，并根据这些证据得出结论。还有人会把它归为解释性问题，因为它要求学生从他所处的时代这一角度来理解这个问题——根据自己的经验进行评判。我们认为，上述任何一种归类都是成立的，这完全取决于这个问题在课堂上何时被提出来，以及教师对学生的回答的期望。当教师在课堂之初或单元伊始通过激发性问题激发学生的兴趣和动力时，他们不一定要求学生做出完整的回答。教师也许会在整个单元的学习过程中再次提出这个问题——每次，他们对学生的回答都有不同的期望。

有一点要澄清的是，我们列出表 2.4 并不是鼓励教师一定要对问题进行分类，而是期望它可以成为一种工具，帮助教师在设计和

> 优质问题很清楚地指向学生需要思考什么，并不那么宽泛或抽象，以至于影响思考过程。优质问题会激发学生去主动思考，而不会让学生产生被迫的感觉。构建优质问题需要教师明确问题背后的真正目的，也就是说，教师是否想知道学生知道什么或者学生如何使用其知道的知识来理解？
>
> ——瓦塞尔曼（Wassermann, 2009, p.26）

提出问题时思考并确定想要达到的教学目的。它就像待磨的谷物,在教师们有目的地提问时,可以有所得。

> **优质提问促思考:**
>
> 抛开表 2.4 中的问题类型和功能,请思考:是否有一个(或多个)问题是你平时并不常用但很感兴趣的?如果经常在课堂上提出这样的问题,会给你的学生带来哪些好处?

规定认知水平

大卫·康利(David Conley, 2005)在《大学知识》(*College Knowledge*)一文中总结了美国 20 所顶尖高等教育机构的研究成果。该研究历时三年之久,主要目的在于发现学生在高等教育中需要掌握的知识和技能。康利在成果报告中指出,思维习惯的培养是最重要的,例如批判性思维、分析性思维、问题解决、定向质疑、分析评价信息资源的能力、自主判断并得出结论,以及能够以口头或书面的形式清晰地表达自己的观点和想法(p.173)。这些和美国劳工部的报告中提出的有关劳动岗位技能的观点十分吻合(SCANS,职场基本素养达成秘书委员会,1991)。如今,大多数专家都认同无论学生将来要继续接受高等教育还是直接走向工作岗位,这些高阶思维能力都是必需的。同时,他们也认为对学生这些能力的培养应该贯穿 K–12 教育的始终,而不应企图仅在高中阶段培养。

提及对学生高阶思维能力的培养,大多数教育者首先会想到思维框架或分类。应用最普遍的是布卢姆的认知目标分类框架(Bloom, 1956)。2001 年,洛林·安德森和大卫·克拉斯沃(Lorin Anderson & David Krathwohl)出版了一本书，对布卢姆的认知目标分类进行了修订。因为我们大多数老师对布卢姆原先的认知目标分类有一定的了解和操作经验，因此在这里我们主要强调布卢姆的认知目标新分类。但也有许多州应用的是诺曼·韦布（Norman Webb, 2002）的知识层次论，据此在课程教学中对学生的思维水平进行分类，还有许多教师可能对罗伯特·马扎诺（Robert Marzano）的教育目标新分类学（Marzano & Kendall, 2006）更熟悉些。其实关于思维水平的分类还有很多很多，此处我们需要指出的是，一个地区以及它的学校必须至少采用一个这样的分类框架，是哪一个并不重要，重要的是师生有一个共同的标准，且把它应用于日常的合作学习。

为什么参考一个公认的分类标准会这么重要呢？在设计优质问题时，教师要明确学生回答这个问题时会用到哪种认知过程。如果不事先考虑好，教师很有可能会接受学生的所有回答，尽管学生的回答只包含了内容目标要求的事实性知识。让我们假设教师这么问："建国元老们决定把美国的首都建立在弗吉尼亚和马里兰之外的一个地区，你觉得这个做法是否明智？请你做出评价。"让我们再假设学生会这么回答："美国首都华盛顿之所以坐落在美国南部，是因为詹姆斯·麦迪逊（James Madison）、托马斯·杰斐逊（Thomas Jefferson）和亚历山大·汉密尔顿（Alexander Hamilton）达成了共识。"

事实上该学生的答案并没有错，因此教师也许会勉强接受这个答案，尤其当回答这个问题的学生平时在课堂上不怎么主动举手或者性格比较内向时。虽然该生的回答在逻辑上是对的，但其实他并没有对建国元老的决定做出评价。如果这位教师事先已经想好他希望学生如何思考以及这样的思考会产生怎么样的回答，那么他就会提出一些支架性问题，帮助学生对这个决定的合理性进行评价分析。例如，面对上述学生的回答，教师也许会这么回应："你说的很对。美国首都的选址确实是詹姆斯·麦迪逊、托马斯·杰斐逊和亚历山大·汉密尔顿达成共识的结果，那么你从历史事实来看，这个决定明智吗？理由是什么呢？"这样先表示肯定再进行追问会使学生的思考水平从简单的事实走向更高级的评价。设计问题前规划预期认知水平能更好地帮助教师为学生的思考提供支架，让学生实现认知层面的高阶思考。

这一情境主要强调了应用一个思维目标分类标准的重要性：规定预期认知水平。无论你选择了哪种思维分类标准，表2.1都是达成目标的有效工具。"认知水平"一栏主要表明了期望学生达到的认知水平。

布卢姆认知目标新分类

布卢姆认知目标新分类（Anderson & Krathwohl, 2001）提出了一个十分清晰易懂的包含知识维和认知维的双维框架。关于知识维的内容本章已经讨论过，所以此处我们讨论的核心是认知维。

与旧版的布卢姆认知目标分类相比，布卢姆认知目标新分类共有六级认知水平——从"记忆"到"创造"。旧版的认知分类用的都是名词，而现在的新分类都用动词对认知水平进行定义和分类。我们非常赞同这个做法，因为思考本来就是一个动作行为过程。关于原先的分类和现在的新分类的重要区别，我们做了如下整理。

记忆。需要识别和回忆信息的问题都属于"记忆"范畴。识别是"记忆"水平中最简单的一种，因为它只需要从长时记忆库中找到相关的知识，与当前的信息进行比较，看其是否一致或相似。这样，当前的信息对学生起到一个信息激活的作用。而回忆则没有直接提示，需要自己进行信息检索。测试题中常有的是非题、配对题与简答、填空题，考查的内容是不同的。需要注意的是，回忆层面的知识可以包含四种知识维度（事实性、概念性、程序性和元认知知识）中的任意一种。回忆层面的回答不仅仅是"老师，事实是……"。如下是一些回忆层面的问题示例：

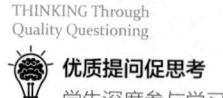

- 算法的定义是什么？
- 每加仑燃料可以跑多少英里的算法是什么？
- 美国宪法的哪一项修正案规定了妇女的选举权？

理解。布卢姆认知目标新分类的作者意识到，教师所认为的理解就是当被问及对学生的教育目标是什么时可以对答如流，所以他们把第二项从本质上进行了替换，把"领会"改成了"理解"（Anderson & Krathwohl, 2001, p.5）。我们认为新修订的分类中，"理解"这一水平是六种认知水平中最广泛和最深入的，这一认知水平共包含七种下属分类，是其他任一认知水平的两倍还多。

用动词定义"理解"水平，有以下七种分类：解释、举例、分类、总结、推断、比较和说明。这些动词远远超出传统的学生"领会"，即"用自己的话说"。实际上，这七种分类呈现了一个完整的认知行为过程。如果一个学生可以真的理解——也就是做到这七个过程——那么他的思维技能一定可以使他轻轻松松达到余下的四个高阶认知水平。相反，如果他还没有理解，那么让他进入后续的高阶认知水平则会适得其反。当教师一心想让学生进行高阶水平的思考，而学生还没有掌握基本的理解时，教师提问会倍感压力。下面是一些能够激发学生理解的问题示例：

- 美国宪法的序言部分对你来说有什么意义？（解释）
- 下面哪一项不是同一类：莴苣笋、玉米、番茄、西兰花？（分类）
- 你推断这本书的主角品性如何？（推断）
- 比较阿拉斯加居民和夏威夷居民的穿着。（比较）
- 深水钻井爆炸的原因是什么？（说明）

应用。第三个认知水平如同面包和黄油一样，是大多数学科得以生存的"重要食粮"。它也是确保知识间联系性的重要水平。它共有两种下属分类，一种是要求学生在熟悉的情境下应用某种程序（执行），另一种是要求学生在陌生的情境下应用某种程序（实施）。再严谨些说，后者常被称作迁移。

- 算出你的课桌的面积。（执行）
- 这篇文章的作者揭示了哪些偏见？（实施）

分析。分析是通向批判性思维的大门。它的传统定义是将材料分解成其组成部分并确定各个部分之间的关系以及个体和整体之间的关系。杰姬的女儿凯瑟琳最近就提供了一个完美的分析例子。凯瑟琳是一位艺术史学专家，有一天她正给一个班级布置任务，要求学生选一幅画做一份正式的分析报告。当杰姬问她报告的要求是什么时，凯瑟琳说学生需要分析画里的事物和画家的技能，以此来判断这幅画的创作意图。她还强调这个分析报告要求学生不能只谈论画作的元素，还要指出它的意义和重要性。这其实就是考验批判性思维。

布卢姆认知目标新分类的"分析"水平共有以下三种下属分类：（1）区分；（2）组织；（3）归属。区分是指学生能够区别事物之间的联系性和非联系性，以及重要和不重要的特征。组织则指学生能够明白一个结构的不同组成部分是如何相互联系的。归属是指学生能够得出一个观点。上述凯瑟琳的任务同时包含了这三个要求。下面是三种下属分类的问题示例：

- 思考美国殖民者试图脱离英国殖民统治时有哪些资源可以利用。你认为哪些资源是帮助美国获得最终胜利的关键？（区分）
- 墨西哥湾的不同海洋生物之间各有什么联系？（组织）

- 回顾你读过的《汤姆·索亚历险记》(The Adventures of Tom Sawyer)和《哈克贝利·芬历险记》(The Adventures of Huckleberry Finn),思考马克·吐温的这两部小说中有哪些共同的主题?(归属)

评价。"评价"是旧版布卢姆认知目标分类里的最高级别,但安德森和克拉斯沃(2001)在新版中将其降了一级。他们认为当学生进行评价时,他们需要运用既有知识,而"创造"(新版中的最高级别)则要求学生超越既有知识甚至尝试全新的东西。当学生达到"评价"的最高级时,他实际上已经在进行缜密的思考了。评价性思考不仅需要学生基于可靠的证据做出判断,还要有充分的标准来支撑自己的评判。

"评价"有检查和评判两个下属分类。检查主要是监管和检测,要求学生发现一件产品或某个过程中的不一致或者谬误之处。评判则需要学生应用某种标准来判断某一产品的实际或附带价值。

提出评价性问题非常容易,但教师需要明确严格的评价方法,确定学生的回答是否达到评价标准。大多数时候,学生针对评价性问题给出的回答是合理的。但关于提出评价性问题,需要提醒的是:一定要提前确定问题的评价标准,因为当堂再考虑会非常困难,有很多突发因素。下面是评价性问题示例:

- 根据给出的量规,评价昨天课堂上你写的那篇文章。(检查)
- 根据我们之前制作的有效外交准则,对最近四位美国国务卿进行等级排序,并解释理由。(评判)

创造。最后级别的认知水平,要求学生融会贯通,创作出新的内容。"创造"取代了旧版里的"综合"这一认知水平。布卢姆认知目标新分类的作者

对"创造"这一认知水平进行了介绍,并解释了为什么在新版中它比"评价"更高级:

学生必须从众多信息中寻找有用的东西,然后将自身已有的相关知识整合到新的框架或模式中。创造出的成果要远比学生原有的信息高级得多。(Anderson & Krathwohl, 2001, p.65)

"创造"共包含三种下属分类:(1)生成;(2)计划;(3)产出。下列是"创造"这一认知水平涉及学生的示例问题:

- 给出一个假设性原因,猜想为什么会有学生高中辍学。(生成)
- 设计一些激励性因素,激发学生投入精力,积极参加社区再回收活动项目。(计划)
- 建一个网站,吸引那些致力于美化当地社区的人们。(产出)

表 2.5 详细介绍了这六种认知水平。

表 2.5 认知过程维度

分类和认知过程	备选名称	定义和举例
1. 记忆(remember)——从长时记忆库中提取相关知识		
1.1 识别(recognizing)	确认(identifying)	在长时记忆中提取与呈现资料一致的知识(如识别美国历史中重要事件的日期)
1.2 回忆(recalling)	提取(retrieving)	从长时记忆中回忆相关知识(如回忆美国历史中重要事件的日期)

续表

分类和认知过程	备选名称	定义和举例
2. 理解（understand）——能够从口头的、书面的或图表图形等教学信息中建构意义		
2.1 解释（interpreting）	澄清（clarifying） 释义（paraphrasing） 表征（representing） 转换（translating）	从一种表征形式（如数字的）转换成为另一种（如口头的）（如改述重要的演讲和文件）表征形式
2.2 举例（exemplifying）	例证（illustrating） 例示（instantiating）	找出概念或者原则的一个具体案例或举例说明（如举出不同艺术绘画风格的例子）
2.3 分类（classifying）	归类（categorizing） 归入（subsuming）	判断某个事物属于一种类型（如把观察到的或描写的精神障碍的案例进行分类）
2.4 总结（summarizing）	抽象（abstracting） 概括（generalizing）	概括主题或者要点（如写出视频播放事件的小结）
2.5 推断（inferring）	断定（concluding） 外推（extrapolating） 添加（interpolating） 预测（predicting）	从呈现的信息中得出具有逻辑的结论（如在学习外语时，从例子中推测出语法）
2.6 比较（comparing）	对照（contrasting） 映射（mapping） 匹配（matching）	探究两种想法、事物等之间的相似点（如比较历史事件和当代情况）
2.7 说明（explaining）	建构（constructing）	建立一个系统的因果关系的模型（如说明法国18世纪重要事件的原因）

续表

分类和认知过程	备选名称	定义和举例
3. **应用**（apply）—— 在特定情境中运用某个程序		
3.1 执行（executing）	进行（carrying out）	将某个程序应用到相似的任务中去（如一个整数除以另一个整数，两者都是多位数）
3.2 实施（implementing）	使用（using）	将程序应用到不熟悉的任务中（如将牛顿第二定律运用到合适的情境中）
4. **分析**（analyze）—— 将材料分解为其组成部分并且确定这些部分是如何相互关联的，以及部分同总体或目的之间的联系		
4.1 区分（differentiating）	辨别（discriminating）区别（distinguishing）聚焦（focusing）选择（selecting）	从呈现的材料中区分出有关部分与无关部分，或者辨别出重要部分与不重要部分（如在数学问题中区分出有关和无关的数字）
4.2 组织（organizing）	寻求一致（find coherence）整合内容（integrating）明确要义（outlining）语义分析（parsing）形成结构（structuring）	判断在结构中各个要素是如何相互适应或发挥作用的（如一个历史描述中的结构证据成为一个支持或反对某个特别历史说明的证据）
4.3 归属（attributing）	解构（deconstructing）	从给出的材料中判断隐含的某种观点、偏见、价值或者潜在意图（如从作者政治立场出发判断文章的观点）

续表

分类和认知过程	备选名称	定义和举例
5. 评价（evaluate）——依据准则和标准做出判断		
5.1 检查（checking）	协调（coordinating） 查明（detecting） 监控（monitoring） 检验（testing）	查明程序内部或产品内部的不一致或错误；判断程序或产品内部是否协调；实施程序，判断其有效性（如判断科学家的结论是不是从观察的数据中得出的）
5.2 评判（critiquing）	判断（judging）	查明产品和外部标准之间的不一致，判断产品是否有外部的一致性；判断针对某个问题的程序是否合适（如判断解决某个问题的两个方法中的哪一个最好）
6. 创造（create）——将要素整合为一个内在一致、功能统一的整体或组织元素形成一个新的模式或结构		
6.1 生成（generating）	假设（hypothesizing）	基于某个标准提出假设（如对观察到的现象进行假设）
6.2 计划（planning）	设计（designing）	设计完成某项任务的程序（如关于某个历史话题计划一个研究报告）
6.3 产出（producing）	构建（constructing）	发明一种产品（如出于某种特别目的建立一个产地）

资料来源：Anderson & Krathwohl, A TAXONOMY OF LEARNING, TEACHING, AND ASSESSING, Table 5.1 "The Cognitive Process Dimension" pp. 66—67, ©2001 by Addison Wesley Longman, Inc. 经 Pearson 教育公司许可引用。

> **优质提问促思考:**
>
> 布卢姆认知目标新分类(Anderson & Krathwohl, 2001)将旧版的六种认知水平进行了重新排序。对此你有什么看法?你会如何运用这个新版分类来帮助学生更好地理解不同的认知过程维度?

符合社会情境

传统的课堂问答模式是"提出 — 回答 — 评价 — 下一题",也就是教师向一名学生提问,然后评价正确与否,接着就直接向下一名学生提问了。威尔斯(Wells, 2001a)把这种现象定义为"默认选项(default option)",且认为大多数老师经常这么做。(p.185)

当教师以这种"默认选项"的方式提问时,学生的两种心理活动会极大地影响谁来回答:(1)决定是否举手(或挥手)回答;(2)定位自己的空间位置,是在教师的目标活动空间 —— 课堂的前排座位以及教室正中间 —— 还是在这个区域之外。这种课堂互动模式会使许多学生成为被动的课堂活动参与者,提高学生参与度和促进学生理解的目标无法实现。不幸的是,学困生大多都是选择置身课堂互动之外的。

当然,课堂有时也需要一些教师主导的提问。麦克·什莫克(Mike Schmoker, 2011)强烈建议课堂上要应用互动性讲授和示范性教学,"这些教学模式的重点虽然是教师的话语和示范,但学生也要以同桌交流、记笔记、速记等方式参与进来"(p.68)。他非常重视将"指导练习、形成性评价和及时调整教学"(p.69)这些模式应用到实际教学中。这就要求我们将优

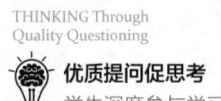

质提问和这些模式相结合。在第四章中,我们会给出一些建议,指导如何设计问题以及如何提问,对学生进行形成性评价并给出相应反馈。

什莫克还建议,"当学习和最终要实现的学习目标或问题直接挂钩,或者说接在比较简单、只需直接讲解及巩固的操作之后时,安排全班讨论或辩论的教学形式会更好"(p.85)。提出精心设计的优质问题,且有教师的指导示范,才会出现优质的交流和辩论。在第五章中,我们会着重阐述教师和学生应该如何操作来提高讨论的有效性。

当整个课堂情境都是通过提问促进学生的有效沟通互动时,教师可以应用一些策略,以确保**所有**学生都能主动思考和尝试回答所有问题。比如"思考 — 配对 — 分享(Think-Pair-Share)""前后小组合作(Turn-and-Talk)"等策略,都要求学生先各自构思自己的答案,然后交流讨论。很多教师还会要求学生在回答之前先简要地在纸上记录下回答要点。但无论教师应用什么策略,我们都希望给学生一些"举手前先思考"的时间。当教师在课堂上留给学生这个思考时间时,学生会逐渐意识到**教师会决定谁来回答**,可能通过随机抓小棒(如把所有学生的名字都写在棒冰棍上,然后放到一个容器里,教师从中随机抽取一根,抽中谁谁就来回答问题)的方法。

教师还可以选择一些其他反应模式,把学生置于不同的社会情境中,但在这些情境中,学生的操作有如下几种:

· 独立地写出自己的答案;
· 两两合作;
· 小组合作;
· 处在项目化学习环境中。

第五章会介绍在不同的社会情境中分别运用哪种策略。每一个策略都有一定价值，且对不同的目的具有独特性和针对性。教师可以自主决定什么时候以及如何来运用这些策略。

但是，在构建问题之前，教师应该事先决定好何时用哪种情境组合（以及哪一个策略）。不同的问题在情境中的作用是有区别的，例如，如果以书面的形式提问且要求学生把答案写出来，那么这个问题可以长一些、复杂一些。但这样的问题并不适合口头提出。同样地，用于团队合作的问题也要根据团队人数以及成员的构成而呈现不同的特征。

有许多指标可以帮助教师决定使用哪种情境策略。首先要考虑的是问题的难度以及需要给学生提供支持的程度。教师主导的提问会更多地利用支架来支持学生思考和回答。给学生提供这样的支架也许在课堂的任何时候都合适，但是在学生刚学新内容或新技能时，其效果尤其显著。在这一学习阶段，提出的问题可以用来检验学生是否已经真正理解。当学生回答问题回答得不正确或不完整时，教师可以立即追问，找出学生的知识盲点或者推理时逻辑不当之处。这样的问题可以用作形成性评估和反馈的工具，具体内容会在第四章详细介绍。当这些问题与核心知识和技能紧密联系，且课前精心构思，突出重点概念又易于理解时，效果尤其显著。

当学生独立完成时，问题要有一定挑战性，但不可太难，让学生完全解决不了。个体单独完成这一情境策略更适合在练习和复习时应用，也可在和他人合作之前用于激活旧知。

两两合作和团队合作都能够给学生提供有他人帮助的学习情境。优秀的学生可以帮助知识或技能相对较弱的学生。因此，组建一个良好的团队就显得尤为重要。实际上，教师在设计团队任务时，组建团队成员是最重要且最具挑战性的任务之一。另外一个影响团队合作的重要因素就是合作任务的结构和方案。本书附录 A 概述了一些策略，可用于促进团队交流和互动。

方案确定了,教师才方便构建问题。例如,在讲授课或教师示范课中,教师可能会应用"思考 — 配对 — 分享"的策略让学生处理所学内容。大概 40 分钟的讲授中,教师会提出三个问题,提问的目的就是检查学生是否已经真正理解,所以问题必须和讲授内容紧密相连,口头提问时措辞要清晰、易理解,并且难度要在班级大多数学生的最近发展区之内(即不太难也不太简单)。另外,教师也可以应用"切块拼接法",帮助学生深入某一特定领域的学习。此时,问题类型可能是解释性、开放性或其他需要高阶认知技能的类型。同样,因为这些问题是书面的,所以可以更长、更复杂些。

> **优质提问促思考:**
> 哪种社会情境你在设计问题时用得最多?这五种里面哪一个你从未用过?在怎么样的情况下,你也许会尝试着开始应用这种社会情境?

项目化学习(PBL)是团队合作学习的典型模式。通过一个驱动问题,让学生在完成和真实世界相关的活动任务过程中进行学习(Darling-Hammond et al., 2008; Krajcik & Blumenfeld, 2006)。PBL 的关键优势在于驱动问题可以驱使和构建学生的学习,任务以一个驱动问题或者待解决的问题开始。当学生解决驱动问题时,他们"解决问题的过程,也就是应用学科的专业表现"(Krajcik & Blumenfeld, p.318)的核心内容的过程,而且他们会"学习和应用学科的重要知识"(p.318)。学生会合作,应用一系列学习方法作支撑,创作出能够证明自己理解的作品。克拉基斯克和布鲁曼菲尔德(Krajcik & Blumenfeld, 2006)指出,学生在项目化学习的课堂中的考试分数要比在传统课堂中的分数更高。

詹妮弗·班纳特（Jennifer Barnett）是亚拉巴马州温特伯勒高中的一位教学主任，她为本章写了一篇短文（见以下），主要表达了在 PBL 课堂中构建优质问题的重要性。温特伯勒是一所小型农村学校，在短短一年内，通过改革，从一所传统的高中转变为一所基于项目化学习的新型学校。在温特伯勒，学生会进行跨学科的项目活动，教师也会帮助学生运用丰富的现代技术来学习。这所学校处处可见项目化学习方式，教师会合作构建驱动问题和核心问题。

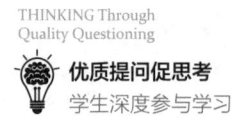

项目化学习：理解驱动问题设计目的的框架

一个驱动问题之于一个项目的重要性，就像一个论点对一篇文章的作用。正如一个优质的论断为读者提供了一个清晰的路径，一个有效的驱动问题给一个项目打下了基础。如果项目活动设计得好，学生就会针对驱动问题创作出一个最终成果或完成一段表演。

项目里的每个任务都要围绕驱动问题提出核心问题，这些核心问题会帮助学生逐步学习，最终解决驱动问题。经过审慎考虑的任务和活动会逐渐培养学生的学习责任意识，激发他们独立学习和探索的欲望。所以整个项目的关键在于提出优质的驱动和核心问题，优质的问题可以帮助学生聚焦任务，并将任务内容和现实世界联系起来，产生一定的积极意义。

如何为学生项目设计优质的问题

设计优质问题的第一步是确定学习标准，以证实学生必须掌握的内容，然后教师确定如何将课堂和学生的实际情况建立联系，这个联系（课堂和学生之间）是探索过程的起点。具体的问题需要分析实证证据，抽象的和概念性问题则会挑战学生的推理技能。高效的驱动问题会促使学生解决一个复杂的问题或者设计出一个满足特定条件的作品。但无论是什么类型的问题，驱动和核心问题都必须是发人深思的、开放的、有挑战性的、相关联的，且和你希望学生掌握的核心内容相关。

示例

下面是两个高中学生已经实践过的驱动和核心问题的例子。每个例子都对驱动问题对应的项目进行了简要阐述。注意：一定是先提出驱动问题，然后真正驱动整个项目——而不是相反。

示例1：跨学科（美国历史/英语）

驱动问题

你愿意为你的梦想付出到什么程度？

项目化学习：理解驱动问题设计目的的框架

核心问题

历史——美国在一战前是如何从农业化社会转变成工业化国家的？

英语——人们如何发现逻辑谬误？人们如何阅读信息性和功能性资料，并评估论断的优缺点？

如何解决问题

班级学生分成四组来自不同社会背景（牛仔、美国土著、地主、矿工、移民、传教士、罪犯等）和不同地区的家庭。

学完课程后，所有"家庭"要一起编辑电子剪贴簿和电子旅行日志，讲述他们是如何实现自己的美国梦的。

每个学生写一篇文章，讲述这些美国人一战前的经历是如何影响他们实现梦想的计划的。

示例2：数学（代数1）

驱动问题

数据会有助于人们竞选政治职位吗？

核心问题

数据报告有哪些方式？（例如茎叶图、柱状图、线性图等）

数据组的特征是什么？

如何确定两组散点图之间的联系？

如何解决问题

各组学生制作一份有关社区问题的调查问卷，并邀请100名受访者填写。

各小组整理和分析数据，找出不同数据组之间的联系。

所有小组共同录制一段视频，就自己分析数据所得的信息，向一名政治候选人提出建议。

詹妮弗·班纳特
温特伯勒高中
亚拉巴马州，塔拉迪加县

精选语法和用词

精选问题的语法和用词是构建优质问题的第五个维度,也是最后一个。如果学生要回答一个问题,他首先要能理解题意。提问的措辞和结构会直接影响到问题的可理解性和清晰性。

无论是向学生口头还是书面提问,问题都要能传达题意,产生交流的作用。我们发现,当我们把问题写出来的时候,会自动对问题的清晰性和可理解性进行编辑。即使用词有些拗口,读者通常都可以顺利地对书面问题进行编解。但是当我们口头提问时,学生对问题的清晰性和可理解性要求就要高得多,因为大多数学生都是视觉学习者,他们必须要运用听觉输入系统来处理问题中的信息。其中一个解决方法是把问题投在屏幕上,这样学生既能看到又能听到,这样的方式尤其适合篇幅长些、内容复杂些的问题,能激发学生参与讨论。但我们认为学会听清楚并理解口头提出的问题对学生来说也很重要。这就再次提醒我们需要确保问题的清晰性和可理解性。

我们大多数人都无法在脑中凭空构建出清晰、简洁、易理解的问题,而写下来效果会较好。在专业培训如何构建优质问题时,我们邀请了一些参与者来设计问题,然后让其他同伴来评价反馈。我们发现经过同伴反馈修改的题目效果非常好。当其他人阅读你提出的问题,再给出一些建议时,对你的帮助会非常大,这也是为什么我们强烈建议教学组可以集体备课,共同设计问题。

> **优质提问促思考:**
>
> 反思你向学生提出的问题,有多少是你在课前已经想过的?你的学生是否觉得你的问题清晰、简洁、能读懂?你准备如何改善自己的措辞?

 **链接：发展学习者的能力**

当我们遇到自己有信心能够解决的问题时，我们的好奇心就会被激发起来。那么怎么样的问题会吸引学生并让他们想知道答案呢？

—— 丹尼尔·威廉厄姆（Daniel Willingham，2009，p.20）

当问题可以帮助学生逐步实现学习目标，和学生的兴趣相交织，且有一定挑战性但又不至于使学生束手无策时，其对发展学习者的学习能力就有很大的益处。通过构建优质问题，我们可以锻炼学生的元认知技能，提高他们的参与度，并对发展他们的自我效能感产生积极作用。

学生的元认知

当教师在构建优质问题时投入充足的时间和精力，学生就会在学习循环圈的每个阶段都有所收获。

• 我期望学到或能做什么？聚焦性问题可以帮助学生为自己确立一个学习目标。

• 我现在对这个主题有什么想法和认知？是否准确？当教师通过提问检查学生的原有知识，让学生进行自我评价时，其实教师是在锻炼学生的自我监管和批判性思考的技能，培养终身学习者。这样，当学生进行新的知识的学习时，他们会主动询问自己这些问题。

• 我如何对学习内容达成个人理解？教师提问给学生进行自我质疑提供了示范，优质问题的首要目的就是帮助学生针对某一主题建构自己的理解。作为教师，我们要提醒学生，意义建构是一种非常好的思考方式——

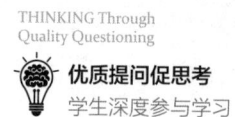

我们提问的最终目的就是希望提高学生这个技能。随着时间的推移,学生能够学会自己提出这样的问题,自己分析并回答。

• **我如何监控自己的学习与进步?** 教师在课堂上提出的大多数优质问题都是用来检查学生对某项知识和技能的掌握情况的,这些问题可以让教师得到反馈,从而帮助教师的教和学生的学。然而最有效的问题能够让学生自我评估并监管自己的学习,得到锻炼提问和回答能力的机会。

• **我的反应能力已经发展到了什么程度?** 当学生掌握元认知技能后,他们就可以自我管理学习以及学习策略。例如,他们会根据自身的回答表现来评估自己对学习目标的掌握程度,也能够证明自己的回答的准确性。

• **我学到了什么?我将如何继续深化学习?** 教师的问题可以帮助学生进行自我评价,激发他们的好奇心,甚至促使他们继续回答接下来的问题。当学生理解并能够应用自我监管和自我管理等策略之后,他们更有可能会思考自己该怎样才能进入下一阶段的学习。

学生的参与度

问题本来就是把教学核心的所有组成部分相互关联起来,使学生思考核心内容,并根据题目中隐含的线索回答问题,和教师产生互动交流。如果学生在回答问题时,理解教师要求他们做什么,那么他们的思考能力就会得到锻炼,变得更加深刻,更加有意义。前文(见表 2.1)我们提过,希望教师可以和同事交流如何证明学生已经掌握内容,在积极参与、认知水平方面得到发展,以及能够和同伴交流互动。当教师公开自己对学生角色和责任意识发展的期望后,提问更能提高学生的参与度。

通过确保我们的提问符合本章提出的五个维度,提问可以提高学生的参与度。思考以下几点:

- 问题**聚焦于**当前学习的主要内容（而非杂乱随意，与事实不符），能够抓住学生的学习兴趣 —— 尤其是可以把问题和真实生活情境或者利用问题环与其他学科内容建立联系。如果符合这一维度，那么我们就使学生的参与体现出严谨性和联系性。

- 明确问题的**教学功能**或目的，使其对学生更具吸引力。牢记表 2.4 整理的问题类型 —— 核心问题、激发性问题、解释性问题、推理性问题等，学生是可以辨别这些问题的，且能够发现哪些问题只是为了填补教学环节的空白，哪些问题是为了提问而提问。优质提问有其真正的目的，它可以激发学生深度、有意义的学习参与。

- 优质问题促使学生自主理解、吸收学术内容。可通过一系列学习使学生在**恰当的认知水平**上思考。预测、推断、解释和将所学迁移到新的情境中，这些认知活动都比满堂灌或只是简单记忆课堂或课本上的知识要高级复杂得多。当我们明确对学生的预期认知结果时，学生的学习参与度会最高。

- 在设计课堂或问题时，我们常常会忽略**情境性**。虽然我们知道同伴互助和合作学习有很多益处，其带来的社会交际意义和学术益处良多，但我们还是常常局限于教师中心或者讲授主导的课堂，这无疑没有给学生创造主动参与课堂的机会。

- 最后，问题的**语词表达**也会决定学生能否理解，能否顺利和自己已学的知识建立联系。一个用意正确、措辞严谨、结构简洁明了的问题，可以使学生很快理解并积极参与思考，相反，大多数学生都对冗长杂乱的问题提不起兴致，因为里面的词汇常常过难或指意不明。

学生的自我效能感

当学生积极思考并回答问题时，他们的自我效能感就逐渐发展起来

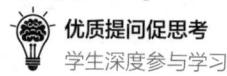

优质提问促思考
学生深度参与学习

了——这道题也不过如此嘛！我们认为积极有益的参与最终给学生带来的就是效能感，或者说成就感越来越强。这里，我们的论断是：**如果教师花费时间和精力去设计问题，使问题符合上述提出的五个维度，那么学生就会积极思考和回答我们提出的问题，他们会逐步意识到自己可以回答这些问题，已经掌握了学习内容，最后他们的自我成就感会越来越强，表现也会随之越来越好。**

问题是否优质直接决定了学生的目标可否达成，这也是影响学生自我效能感的四因素之一。优质问题可以用两种完全不同的方式增强学生的自我效能感。第一，当问题用意良好、重点突出，是目标导向的，且能锻炼学生的认知思维时，它能够把教师的目标期望传达给学生，那么就能激励学生达成学习目标。例如，核心问题的目的就是使学生掌握一个单元的学习重点，传达教师对学生的期望。日常教学中提出的焦点问题以教学目标为导向，作用也是一样的。

第二，教师仔细设计且按照教学目的有序提出的问题，可以帮助学生朝着目标一步步迈进，直到目标达成。学生自己也可以利用优质问题规划自己的目标达成路径。

另一个可以增强学生自我效能感的因素就是增加学生在合作情境中处理优质问题的机会。当学生团队合作时（教师需仔细考虑团队成员的组成），他们可以间接地体验同伴的示范教学，这也是增强自我效能感的一个诱因。

优质提问促思考：
  如何使学生明白优质问题的最终目的是促进他们的思考和学习？

第三章

加强"以思促学"的行为

教师和学生如何运用优质问题加深思考和改善学习?

焦点问题

1. 为什么向学生传达思考的内容和思考的原因很重要?
2. 教学生如何使用等待时间的价值是什么?
3. 教师如何设计能让学生思考和学习的支架?
4. 使思考和学习可视化有哪些替代方法?

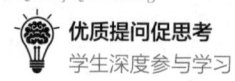

优质提问促思考
学生深度参与学习

> 大多数思考干预的一个主要目标就是加强学习,促进更深层次的理解。深刻而持久的学习是思考的产物,这一观点为思考教学提供了一个强有力的论据。事实上,我们认为,在学习思考和思考学习无缝融合之前,教学的真谛将不会实现。
>
> ——罗恩·里奇哈特 & 戴维·珀金斯
>
> (Ron Ritchhart & David N.Perkins, 2005, p.795)

如今的教师倍感压力,他们要让学生准备好:(1)在基于标准的高风险测试中取得成功所需的知识和技能;(2)在 21 世纪,在生活和事业方面取得成功所需的技能和素质。认知科学家提供了强有力的证据来支持学习知识与学习如何更好地提问和思考之间的联系。为什么许多教师认为这两个挑战是相互排斥的呢?为什么教师觉得他们面对的是一个选择性的命题——要么使学生为测试做好准备,要么教导他们提问和思考?

经验表明,大多数教师无法从认知科学家的研究中获得越来越强大的知识库。很少有职前或在职教师能在准备课程时将这些发现很好地转化为课堂实践。此外,将思考融入课堂的日常节奏,需要与过去"决裂",并在自己的教学方式上取得突破。在《教育国家》(*Education Nation*)中,米尔顿·陈(Milton Chen, 2010)引用了华盛顿大学教育荣誉教授艾伦·格伦(Allen Glenn)的话:"学校改革的最大障碍是我们的回忆。"(p.11)陈继续说:"我们都认为自己知道什么是学校,如何组织课堂,因为在我们的成长过程中它们占了十八年。我们很难想象还有别的东西。"(p.11)如果我们要利用陈提出的"思考优势",就必须像他所说的那样,改变我们对学习过程的看法,以及学生、教师和家长在这个过程中的作用。我们认为更有效地利用提问可以成为这一变化的支点。

更具体地说,我们强调以下四种可以发展和支持学生思考的教师行为:

- 期待深思的回应
- 提供思考的时间
- 支持思考和回应
- 促进思维可视化

每一种行为都来自有效提问的研究和文献，认知科学的研究扩展并丰富了它们。前两种行为涉及改变对课堂中的角色、责任和节奏的根深蒂固的观念。最重要的对学生的期望结果在表面之下，很大程度上是看不见的，因为它们发生在学生的脑海里。第三和第四种行为——提供支持和使思维可视化——使教师为学生的思考和学习构建可听和/或可见的支持。由此产生的支架和其他具体且明显的架构，能直接引导学生思考，特别是在学习的早期阶段。

优质提问促思考：
　　教育者、学生和家长对教与学应如何发生的信念都受到回忆的影响。确定一个角色（教育者、学生或家长），并根据你与该群体中的人的经历，反思他们的回忆对信念的影响程度。然后考虑我们应如何郑重地解决这一障碍来进行变革。

期待深思的回应

大多数学生认为，教师在课堂上提出问题是为了使"正确的答案"浮出水面。当被施加压力时，学生会说正确的答案等于教师的答案。罗伯特·弗里德（Robert Fried, 2005）在《学校游戏》（*The Game of School*）的开篇就说道:"当教师要求你回答一个你确定他或她已经知道答案的问题时,你最好准备适当地伪造答案。"(p.ix)在这本书中,他认为很少有学生在学校里是真正地参与学习的;大多数学生学习如何按规则办事,以便相处融洽。根据我们在全国数百个课堂上的观察,我们必须同意弗里德的观点。在课堂上,教师提问时,大多数学生似乎都是被动的观察者,如果被要求作答,这些学生会试图提供他们认为的教师正在寻找的答案。

那么我们如何扭转这一趋势呢?作为教师,我们如何让学生相信我们计划把问题作为学习的真正工具呢?我们如何与学生沟通,让他们知道我们期望他们的回应能够体现对主题问题的思考和认识,以便我们(以及他们)能够利用这些信息推动学习?这些问题的简短答案是:我们必须教学生这些新行为,而不能假定他们会自己弄清楚。只有明确我们对回答的期望,我们才能开始改革课堂和教学,并使学生相信我们可以用一种新的方式来进行课堂提问。所以建议你先跟学生谈谈以下规范。

 规范:使用教师的问题来激发思考,而不是去猜测教师的答案。

如果学生要遵循这一规范,他们必须清楚什么是思考,以及思考是如何与对教师问题做出回应所需的信息检索连接的。以下两个简单的对思考的定义可以成为与学生对话的起点。

1. 思考是使信息和经验具有个人意义的过程(Barell, 1995, p.21; Hunkins, 1995, p.7)。

2. 思考是联结的过程——将一个新的事实、概念或经验与你已经知道并存储在长时记忆中的内容联系起来(Perkins, 1992, p.8)。

你可以通过呈现这两个定义开始与学生的对话,并要求他们对每个定义进行反思。要求他们思考:(1)两者有什么共同点;(2)他们是否曾有意识地试图将新知与已有知识联系起来;(3)在面对一项学术任务时,他们是否有意识地试图构建个人意义。

有关我们如何学习和加工新知的研究,可以促进学生更加了解自己的思考方式,并为如何开展优质提问提供支持。埃里克·詹森(Eric Jensen)、帕特·沃尔夫(Pat Wolfe)、雷娜特(Renate)和杰弗里·凯恩(Geoffrey Caine)、朱迪·威利斯(Judy Willis)等人在脑科学方面的研究,对教育工作者是有益的。如果你已经在这个领域有所涉略,那么你可以将相关知识运用到那些帮助学生更好地理解思考和提问的任务中。有关这方面的研究成果,我们在这里重点关注丹尼尔·威廉厄姆(Daniel T.Willingham)的著作,他是《为什么学生不喜欢上学?》(*Why Don't Students Like School?*)的作者。在这本书中,威廉厄姆(2009)提供了所谓"最简单的心智模型"(p.11)。这一模式简单明了,我们推荐其为一种改善学生思考和学习水准的资源。图3.1改编自威廉厄姆模型。

> 创造意义不是从答案,而是从问题开始的。希望学生熟练掌握个人意义和理解的教师会意识到,课堂应该经常从提出疑惑的问题开始,而不是通过强调陈述答案。
>
> ——汉金斯(Hunkins,1995,p.7)

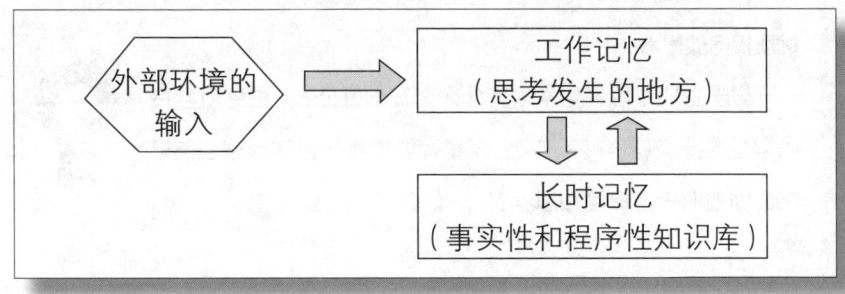

图 3.1 思考发生模型

来源:改编自威廉厄姆(Willingham,2009,p.11)。

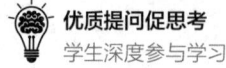

优质提问促思考
学生深度参与学习

在威廉厄姆(2009)的观点中,工作记忆是"意识的同义词;它包含你正在思考的内容",这是你从外部环境中带来和从长时记忆中提取的内容。他写道:"当你将信息(从环境和长时记忆)以新的方式组合起来时,思考就会发生。"(p.11)教师或学生问题是从外部环境进入工作记忆的。问题是激活长时记忆中相关事实和程序的催化剂,将它们带入工作记忆进行加工。教师可以利用这个模型来帮助学生理解大脑是如何在一个问题与他们所了解的主题之间建立联系的。

威廉厄姆(2009)强调了问题的重要性:"有时,我想,作为教师,我们是那么渴望得到答案,以至于我们没有投入足够的时间来开发问题。"(p.16)这是我们前一章的观点:如果要让学生思考问题,作为教师,我们需要参与一个具有挑战性的、有趣和有目的的问题创建过程。我们同意威廉厄姆的观点,问题需要包含会让学生有动力去解决的困惑、挑战或难题,而且需要难度适宜。如果我们的问题不符合这两个基本标准,就不会引发我们正在寻求的那种学生思考。

当你将这些想法呈现给学生时,提问他们那些导致思考的问题的特征或性质是什么。听学生回答,他们会告诉你他们对这些事情的真实想法。如果我们的问题不值得思考,就不能指望他们思考我们的问题。

优质提问促思考:
　　与学生谈论思考和学习有什么潜在的好处?考虑到所教授的学生的特点(如年龄、年级、背景等),你将如何利用这些信息来鼓励他们考虑提问和思考?

提供思考的时间

加强学生的"以思促学"行为的第一个要求是,通过提出值得思考的问题,使他们相信教师对他们的答案感兴趣,从而最终相信教师确实对他们的思考感兴趣。第二个要求是,我们要为学生提供思考所需的时间——我们等待他们思考问题并做出回答。从玛丽·巴德·罗(Mary Budd Rowe)在20世纪70年代发现的"等待时间"(wait time)开始,研究人员已经为"思考时间"(think time)的价值积累了大量支持论据。为了将罗(Rowe,1986)和其他人对等待时间的研究放在适当的背景中,让我们首先考虑一名学生回答问题需要做些什么。

正如我们已经提出的那样,回答是一个多步骤的过程,从学生聆听并注意外部环境而产生问题开始。如果不注意这种刺激,他们将无法做出回应。当他们将问题转移到工作记忆并进行解码,确定被提问的内容时,过程的第二步就发生了。此时,大脑还启动了第三步——在长时记忆中搜索以将问题与先前存储的知识联系起来。当大脑将问题和相关的事实性或程序性知识进行匹配时,这些知识就会进入学生的工作记忆。现在,可以发生第四步,通过对问题和相关回应数据的思考,学生可以在自己的头脑中形成一个答案。只有在此时,他们才准备好回答这个问题。图3.2提供了这个过程的一个模型。

个人以不同的速度和方式加工问题并产生回答。有些人是内部加工者,他们更愿意在说出自己的答案之前,在心里多加琢磨。另一些人是外部加工者,他们倾向于先直接说出答案。前者需要更多安静的时间进行加工;外部加工者更有可能在说出答案的同时纠正自己的答案。没有哪一种方法更好或表明更高的智力,两者都需要时间以进行思考——第一种在回答过程的前端需要更多的时间;第二种则在最后需要更多时间。这两种

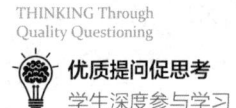

群体都受益于玛丽·巴德·罗首次提出的"等待时间"。

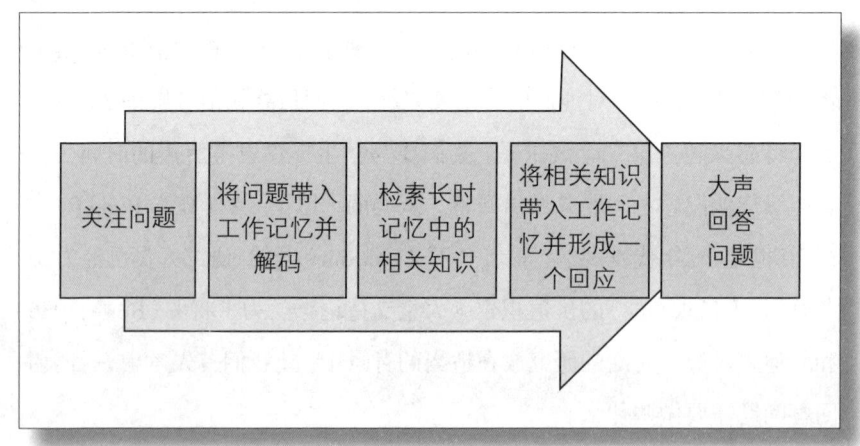

图 3.2　回答的过程

佛罗里达大学前科学教育家罗（1986）在一项有关中学生课堂参与度的调查中，创造了"等待时间"一词。她特别感兴趣的是找出学生的提问与思辨过程。为此，她录制了 100 多节课，对学生和教师的行为进行了编码。她听到的是很多教师在说话，学生则很少说话，且学生说的话都很简短。事实上，她只在 3 节课中听到了学生的问题。她再次听了录音带，以确定这些课堂中的教师做了哪些不同的事。她确实发现了一个戏剧性的差异：学生在猜测和提问时，教师有时会停止说话，让学生有思考和自发谈话的时间与空间。

当罗（1986）继续研究并开始专注于课堂中的沉默时，她指出了两个特别重要的停顿。第一个是教师提出一个问题到指定一名学生回答之间的等待时间，罗称之为"等待时间 1"。第二个是当一名学生停止回答问题后，教师停顿一下，然后再向学生反馈或者请另一名学生发言，她称之为"等待时间 2"。她发现这两个停顿的阈值都是三秒钟，并假定两个停顿的最佳时长是三到五秒。她和其他研究人员发现，教师如果一直使用这些停顿，会对学生有很多好处。以下是对停顿的主要优点的总结。

> **优质提问促思考：**
> 你有没有经历过"等待时间"——无论是作为教师试图在课堂中使用，还是作为学生自身的体验？是常规使用还是持续使用？结果是怎么样的？

持续使用"等待时间"的好处

- **学生的回答更准确、更全面。** 罗的研究显示，平均而言，在未使用"等待时间1"的课堂中，30%的学生会回答"我不知道"。在教师和学生持续使用"等待时间1"的课堂中，这个比例有显著下降（p.45）。

- **更多学生参与问题回答。**"等待时间1"还允许更多的学生进入问答场——很可能是因为那些进行内部加工的学生在回答之前需要更多的时间预演答案。

- **推动学生进行更高层次的思考，特别是在假设和推测方面。** 这是罗特别感兴趣的地方，因为她倡导面向探究的课堂。"等待时间1"和"等待时间2"都支持学生拓展思维。

- **学生更有可能为自己的答案提供依据。**"等待时间2"似乎对这一结果的出现有特别重要的作用。当学生有时间思考并从长时记忆中获取更多信息时，他们可以更有效地支持自己的答案。

- **学生会提出更多的学术问题。** 这是罗另一个特别感兴趣的地方——她最初研究的动力。"等待时间2"在课堂中为学生提问提供了时间和空间。

·课堂管理问题减少。至少在初期,使用等待时间的教师常对这种好处感到惊讶。然而,当我们要求他们推测为什么持续使用等待时间会导致学生行为改善时,他们会很快做出这样的反应:(1)**许多学生在未参与的情况下行动,等待时间给了他们一个参与的机会**;(2)**如果你等待学生思考和回答,他们会感觉到你在乎他们 —— 他们就不太可能出现纪律问题**;(3)**当学生在一名同伴开始回答之前没有时间去思考一个问题和答案时,他们会走神、中断或产生混淆**。

·**学生对自己做出回答的信心增强**。学生在答案最后产生音调变化或使用问号的频率是多少?大多数教师都认为这是一种常见的学生行为。然而,当持续使用等待时间后,学生就越来越不依赖于教师对他们的回答的评估了,并且对自己的回答更有信心了。

·**在由认知复杂项目组成的测试中的得分提高**。包括罗在内的一些研究人员发现,等待时间会培养学生对更高层次的问题做出口头回答的能力。当学生有时间思考时,与那些没有经历过等待时间的同学相比,他们的回答更可能与问题的认知水平相匹配。托宾(Tobin, 1987)和其他人发现,在使用等待时间的课堂中,学生在具有认知复杂性的书面测试中得分较高。

来源:Based on Rowe(1986)。

优质提问促思考:
回顾本节所概述的好处。哪一条最令你惊讶?为什么?你最看重学生哪一点?为什么?如果你已经在课堂中有效使用等待时间,你是否观察到这些好处?你的依据是什么?

帮助学生理解等待时间

你不能简单地"提供"等待时间"给"学生 —— 学生是你在课堂上有效实施等待时间的重要搭档。在与教师合作改进提问实践的早期阶段,这也许是我们最重要的学习内容。我们认为有以下几个原因:

• **等待时间,特别是等待时间 2,最初会让学生感到奇怪**。学生习惯快节奏的课堂,其中通常只有大约一秒钟的等待时间 1,几乎没有等待时间 2。当教师停顿时 —— 特别是在学生回答问题之后 —— 大多数学生都有些不安。

• **学生需要知道在停顿时做什么**。因为这种沉默对于大多数学生来说将是一种新的现象,许多人需要知道在沉默时做什么。你可以简单地提问学生停顿的价值,例如,在请人回答问题之前有时间思考。有此机会,学生将推测和发展出合理的假设。类似地,他们可以推测等待时间 2 的价值。

• **学生自身需要尊重等待时间**。这在合作小组或项目化学习课堂中非常重要。在这些情况下,学生负责监控自己的行为,也不再需要时间去思考,因为他们在与同伴进行互动。

使学生熟悉等待时间并没有所谓最好的方法;所采用的方法将取决于很多变量,包括学生的年龄和年级,以及你的个人教学风格。重要的是要花时间讨论等待时间:它们是什么,为什么它们对思考和学习很重要,以及学生如何有效地利用这个时间。

优质提问促思考:

你有没有和学生讨论过等待时间的价值?如果有,你说了些什么,学生是如何回应的?如果没有,想象你会如何向学生介绍或加强等待时间的价值,请考虑学生的年龄、以前的经历和其他相关因素。

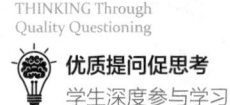

随着学生慢慢熟悉了等待时间,我们认为需要提供支架或支持来使用等待时间,直到它们对于教师和学生来说变得有些自动化。以下是促进教师和学生成功使用等待时间的一些建议。

• **提供保护性实践的机会**。在你推动了关于等待时间是什么、为什么以及如何使用的讨论之后,将学生分成三到四组,要求他们相互练习使用等待时间。你可以让他们自己提问题,或者向他们提供一般性的问题。小组中的一些人应该是观察员,任务是观察发言学生尊重等待时间的程度。这里的重点是让学生得到对三到五秒钟的感觉。

• **使用商定的具体信号来提醒学生(和自己)等待时间**。一些教师在问了一个问题后,举起一只手,并保持三到五秒钟。这段时间结束后,教师放下手,请人来回答。我们创建了一个停止标志(见图 3.3),作为等待时间的有形信号。停止标志的一面是红色,显示为"暂停和思考"。在提出问题和请学生回答之间,教师举起这一面并持续三到五秒钟。在这段时间结束后,教师转向绿色的、写着"分享和倾听"的一面,这一面在学生回答时举起 —— 并在学生结束发言后的三到五秒内慢慢放下。

• **张贴规范和配套挂图,提醒你和学生使用等待时间的程序**。表 3.1 所示的海报可用于教授学生与等待时间 1 和 2 相关的预期行为。这两张海报改编自亚拉巴马州蒙哥马利市二年级教师朱莉·沃拉斯(Julie Porath)开发的两张海报,依据的是我们早期的一个优质提问培训。作为可视化的提示,它们有助于为学生学习与等待时间相关的技能提供支架。

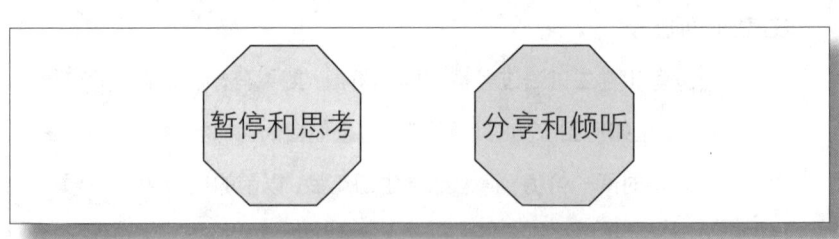

图 3.3 规范等待时间的标志

表3.1 等待时间1和2中的预期学生行为

海报1	海报2
等待时间1中的预期学生行为	等待时间2中的预期学生行为
当教师提问时做什么 1. 仔细听问题。 2. 思考问题是什么。 3. 使用等待时间将长时记忆中的知识与问题进行匹配。 4. 对自己回答问题。 5. 等着被点名,而不是举手。 6. 准备大声回答问题。 7. 如果你没有被点到,仔细听同学的回答并思考。	**在学生停止发言后的停顿中做什么** 1. 如果你在回答问题,使用这个停顿来思考你说过的话,并补充或修改答案。 2. 如果其他学生在回答,倾听并理解他(她)说的话。 3. 花时间把其他学生的回答和自己的回答进行对比。如果有不同之处,决定你是否需要提一个问题来澄清。 4. 准备提出你的澄清问题或根据你听到的内容添加评论。 5. 表现出对同学的尊重,甚至当他们的回答不正确或与你的回答不同时。

·**在使用的早期阶段,要求学生定期与你一起反思进展如何。**你的学生群体在多大程度上持续使用等待时间1和2?他们在等待时间里感觉如何?他们真的在这些停顿中思考吗?他们有改进建议吗?

之前,我们提出了一个可以与学生一同使用的规范,来提醒学生教师对深思熟虑的回答的期望。我们建议使用以下三个规范来沟通和加强与两个等待时间相关的行为。

规范:在提出一个问题后,使用停顿来思考并形成你的回答。

规范:在你回答后,使用停顿来进行反思、补充或修改。

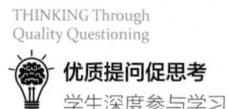

> 规范：在其他同学回答后，使用停顿将他人的答案与自己的答案进行比较。准备好同意或不同意，并加入你的想法。

理想的情况是将这些规范写在字条上——每个字条上写一条规范——并贴在教室显眼的地方。它们会提醒教师和学生对一个深思熟虑的课堂的承诺。

学生对深思熟虑的回答的承诺与等待时间1和2的使用串联作业。如果学生认为教师的问题是为了找出他们在思考什么，他们就更可能重视和使用等待时间。另一方面，如果学生坚持认为，教师提问只是一个旨在表达教师心中已有答案的钓鱼之旅，他们就不太可能坚持思考问题。表3.2总结了本节针对这一点概述的学生预期行为。你可以使用此表来介绍或提醒学生你们对行为的共同承诺，帮助课堂中的每个人都意识到优质提问的潜力。

> 优质提问促思考：
>
> 你将如何使用本节中介绍的资源来帮助和支持学生改变行为？

支持学生的思考和学习

当教师准备和提供了优质问题，且学生很愿意回答时，正确、完整和明确的回答仍不是课堂中的常规。通常，即使教师提出了一些精心设计的问题，学生也会答出令人无法接受的答案。这为教师或同学提供了一个机会，通过提供后续问题或评论，为回答者的思考提供支架，从而予以协助。

表 3.2　学生行为的预期改变

学生通常做什么	我期望你做什么
努力想出一个针对课堂问题的"教师答案"。	思考问题是什么,以及你对这个主题的了解和思考。准备回答。
如果他们不能确定答案,就不说话。	坚持思考问题是什么,并确定你对这个主题的了解和思考。
如果他们认为自己有了"正确"答案,就举起手。	不要举起手,但是如果教师点到你,准备好自己的回答。
如果他们回答完一个问题后,教师和同学都是沉默的,他们就会变得有些不安和尴尬。	在你回答完一个问题后使用停顿来思考,然后补充自己的答案,或对你认为不正确的地方加以调整。
当他们认为自己可以补充或调整另一名同学的答案时,就会立刻打断或试着说出来。	在你的同学停止讨论后给他们时间思考,这样他们可以扩展或调整自己的回答。
倾听教师对问题的回答,而不是互相提问。	倾听同学的回答;将自己与发言者的答案进行比较;互相学习。

支架的概念从维果茨基(Vygotsky,1978)的成果演变而来,他发现一位教师(或一位有经验的学生同伴)可以通过在学生最近发展区内指导和进行教学来帮助学生学习。这个区域代表了学生学习的适当目

> 支架是给学习者的帮助,根据学习者在实现目标时的需求量身定做。最好的支架以一种促进学习的方式来提供帮助。例如,告诉某人如何做某事或为他们做某事可能会帮助他们实现近期目标;但这不是支架,因为孩子没有积极参与知识的建构。相比之下,有效的支架会为学习者自己解决问题提供提示和启发。
>
> ——索耶(Sawyer,2009,p.11)

标,在挑战或困难程度上超越学生现有的掌握水平。当教师在学生的最近发展区内进行"操作"时,他们给学生提供了"恰到好处"的活动和任务——既不容易也不困难。维果茨基的创见性理论(见图 3.4)加强了优质提问的一个特征的重要性:它们具有适当的难度。

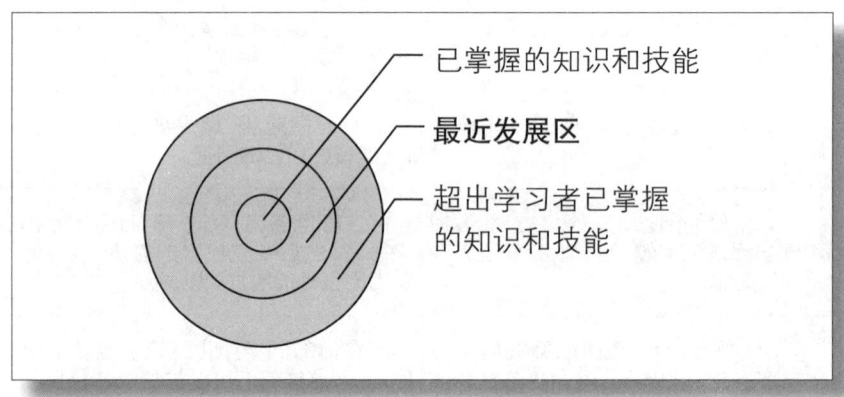

图 3.4 维果茨基最近发展区的描述

另一个与支架相关的概念是"专业知识的鸿沟"。认知科学家认为学习过程的建构就是学习者从新手到专家的过程,并建议为跨鸿沟的学习者的活动提供支架(Quintana, Shin, Norris, & Soloway, 2009, p.122)。基于皮亚杰(Piaget)的成果,他们将学习视为"一种积极的建构过程",在此期间,学习者"创建新知与旧知的认知联结"(p.122)。这些研究者对教师和优秀同伴提供的传统支架,以及基于软件的支架都很感兴趣。我们的主要兴趣在于传统支架,其中包括结构化问题和信息组织图(Swartz, Costa, Beyer, Reagan, & Kallick, 2008, p.80)以及建模(Quintana et al., p.123)。然而,我们知道基于软件的程序在个人支架中的效用,并鼓励你在设计一个全面的方法来帮助学生时,将其与提问和指导相结合。

虽然支架有许多定义,但考虑到作为支架的提问发挥最佳效应的课堂

文化或气氛,我们认为以下定义特别有用:

支架包括:(1)组织参与活动,以满足人们对安全感和归属感的基本需求;(2)使该领域的结构可视化,并使参与者了解专家实践所需的素质和思维习惯;(3)帮助新手了解能力的可能发展轨迹,以及该领域与学习者的相关性;(4)提供及时、灵活的反馈。(Blumenfeld, Kempler, & Krajcik, 2006, p.491)

这个定义强调了学生的认知参与处于学习的核心地位,但也预示了"优质提问促思考"框架的另外两个部分(见图 1.1):鼓励运用反馈(第四章)、培育思考文化(第六章)。只有当开放、信任、尊重、协作和学习承诺的文化作为一个流程时,提问作为学生思考的支架才会产生成效。第六章对这一观点有更多的阐述,但由于其重要性,现在就稍做提及。如果学生要利用教师的后续问题来支持自己的思考,就必须把问题和提问者视为一种邀请,而不是一种询问。这就需要布鲁门菲尔德(Blumenfeld)及其同事(2006)描述的学习共同体中的"安全感和归属感"。我们建议教师介绍以下规范,帮助学生接受这种提问和思考的方法。

规范:使用后续问题来思考和自我评估你的第一反应,并调整和/或拓展自己的思维。

在与教师的合作中,我们发现将问题作为支架是一个极具挑战性的命题,因为它需要实时的批判性思维来创建提示或探究,以帮助发言者澄清、纠正或拓展思维。教师可以使用等待时间 2 提供的三到五秒钟来构思对学生回答的反应。然而,教师向我们反映,当他们在上课前思考了重点问题的可能回答后,他们更能够以一种有效的方式对学生的回答

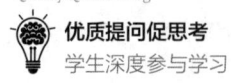

做出反应。

思考可能的回答是一个过程，涉及产生替代反应，及为不太理想的回答创建可能的后续问题。我们相信，这项工作最好协作完成，我们经常在优质提问研讨会上为教师提供这方面的经验。图 3.5 可以作为一个模板或工作表，用于思考时对学生回答的潜在后续问题。

> **优质提问促思考：**
>
> 想象一下，一个新的学年开始了，你正在计划与学生讨论你对他们参与课堂提问的期望。你希望学生了解哪些关于支架的知识？你将如何向他们介绍这个概念？

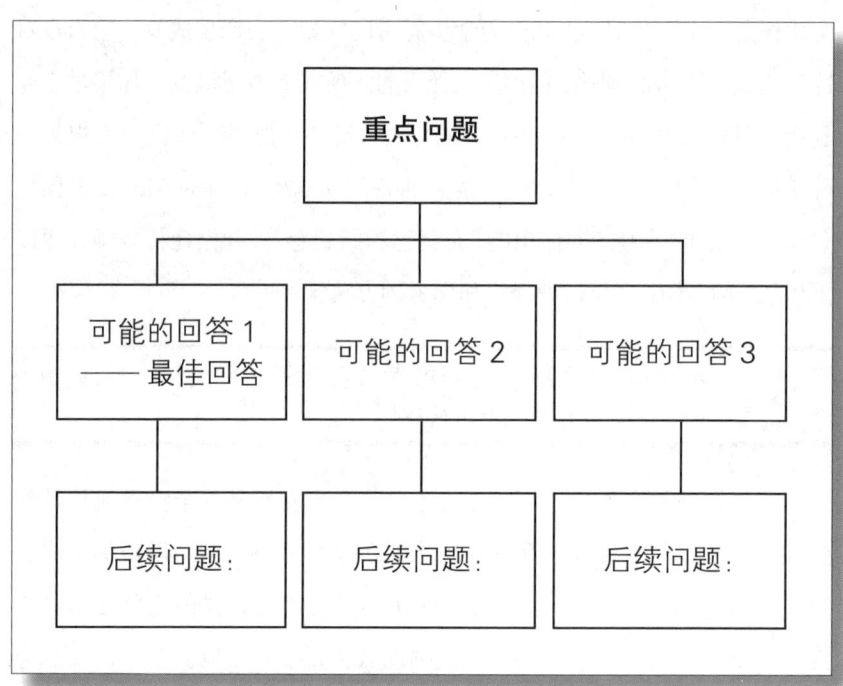

图 3.5　生成学生预期回答的工具

第三章 加强"以思促学"的行为

怎么样的后续问题可以帮助学生思考和学习？这取决于初始的重点问题和学生回答。以下是适用于所有情况的一般准则：

• **让学生为其回答的最佳答案负责**。这与**期望深思的回答**的规范一致。如果一名学生回答"我不知道"或者只是沉默，告诉学生你想听听她对这个主题最好的想法。告诉她，如果你要通过提问和思考过程来帮助她学习，你需要知道她的一些想法。

• **无论对错，明确评价学生的回答**。避免这样的评价，类似于"好的，不错"或"开了一个头，看看后面谁能够帮你一下"或"这不是我想要你回答的东西"。这些类型的评价都是出于好意，通常是为了鼓励沉默的发言者或学困生。事实上，学生知道教师敷衍了事的行为。随着时间的推移，当学生得到这样的评价时，他们可能会觉得自己没有真正的能力来回答，这是教师请他们坐下的方式。

• **区分不正确的知识和不正确的认知加工**。研究人员宣称，平均而言，教师接受的大约50%的学生回答，其认知水平都低于所提问题（Ornstein，1988）。这可能是因为教师想要强化学生回答中的正确知识，也可能是因为在快节奏的课堂互动中，教师无法评估回答，并飞快地形成一个有用的提示。这就是为什么我们建议教师在上课前确定可接受的回答参数，将其作为课堂规划的一部分。如果教师在听学生回答时心里已有准备，就能更好地提供有效的回应。这种回应强化了正确的知识，也为学生在适当的认知水平上推理或思考提供了支架。

• **学生做出不正确或不完整的回答后，通过了解学生背后的思考开展后续行动，并尝试了解学生为什么这样回答**。如果你要帮助学生纠正误解或澄清混淆，你需要知道学生的答案从何而来。只有当你了解了错误信息的来源或错误的推理时，你才能够提出支架式问题。

• **用你最好的判断力来确定与某名学生一起待多久**。教师在提供答案

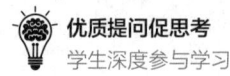

或请另一名学生回答之前,需要确定提供多少提示、探析和帮助。当对一名学生进行一对一辅导时,教师可以多启发一段时间——只要探索有成效。在全班环境中,提供协助是很重要的。为发言者的思考提供支架,可以帮助班上其他人——特别是当课堂文化支持其他学生倾听和加工时。但是,教师只能在不忽略班级其他成员,或不让发言学生尴尬的情况下,在有限的时间内,为学生有效地提供这种协助。

· 如果学生无法提供正确的答案,请确保她听到正确的答案和解释,并在课后回去找她。学生可以从你或同伴那里听到正确答案。这里的重点是要确保学生知道,教师不会忽略每一个同学。

优质提问促思考:

重读通过设计后续问题来为思考提供支架的准则。在你始终坚持的那些准则旁边打一个钩,在任何有问题的准则旁边打一个问号,在你想要融入实践的准则旁边打一个星号。

除了这些利用提问为思考提供支架的一般准则,还有其他方法可以帮助处理不同学生对不同认知水平的问题的回答。这里有一些具体的建议和例子。

帮助学生通过建立联系来回答问题

课堂提问为学生提供了回顾或练习从长时记忆中提取信息的机会。在工作记忆中对存储信息的使用和加工促进了长时记忆的回忆。我们越频繁地检索内存,就越有可能再次使用它(Sprenger, 2005, p.139)。回顾修订的布卢姆认知目标新分类（Anderson & Krathwohl, 2001），可以发现回忆或检索是记忆水平中较难的形式。

我们主张提问应更多地在记忆水平以上，因为当我们使用信息时，特别是在新的情境中，我们正在建立不同的联系，从而强化记忆。然而，在课堂上，也要有简单记忆问题的立身之处，并且教师要准备好能为这些最低认知水平的回答提供支架的若干策略，其中提示和线索是最有成效的。

提示能触发大脑记忆存储的信息。它们可以以单词、符号、地点或位置的形式传达。它们是从外部环境（在课堂里就是教师）引入的简单手段，旨在联结学生长时记忆中的一些知识，将其带入学生回答的工作记忆。通常，提示旨在帮助学生将熟悉的知识（提示）与问题引起的要学的知识联结起来。看看下面这个例子，其中，教师就使用了提示来协助学生学习新词汇。

教师提问："'extraordinary'这个单词是什么意思？"

学生回答："我想只是普通的或每天的。"

教师接着问："你已经定义了'ordinary'，这是'extraordinary'的一部分。'extra'的意思是什么？"

学生回答："哦，它意味着更多或补充一些内容。所以我觉得'extraordinary'的意思必然超过'ordinary'。现在我记住了——它的意思是不同的或不寻常的。"

教师接着问："对呀。你知道你能用我的问题来思考答案了吗？"

教师的问题从学生的长时记忆中引出相关知识，并帮助学生将两部分知识联结起来，形成新的理解。提示可以更明显。例如，教师可以提醒学生文本中出现知识的地方，在课堂上第一次学习一个新现象的日子，或者

在过程中之前和之后的步骤。能激活视觉记忆的提示尤其有用。

线索是更明显或更直截了当的提醒。看看以下这个简单的例子：

教师提问："什么是人的'五大感觉'？"
学生回答："视觉、听觉、触觉、嗅觉。"
教师接着问："这四个是正确的，你漏掉了一个，想想你是怎么吃冰激凌的。"
学生回答："味觉。是的，就是味觉。"
教师接着说："没错。"

这位教师也可以这样回应："是的，视觉、听觉、触觉和嗅觉都是正确的。事实上，当我想到'五大感觉'时，我想到的是在海边，能看到震撼的海浪，听到它们的撞击声，走进海里能感受到周围的水，闭上眼睛，甚至能闻到它的味道。我的第五感会告诉我水是咸的。哪一种感觉会让我知道水是咸的？"大多数学生会立刻回答："味觉！"想想教师为学生描绘的画面，以及他给学生的"五大感觉"的新视觉形象。这个描述很可能会加强大多数学生对知识的记忆。

提问为思考超越记忆水平的回答提供了支架

希望你在上课时能提出越来越多的更高层次的问题。如第二章所述，学生越有机会在理解或更高层次上使用知识，就越有可能记住。另外，你可能还记得，我们评估更高层次的学生回答有两个维度：知识维和认知过程维。有时候，这两个维度可以相互渗透：错误的推理会导致不正确的信息的产生，比如以下这个例子。其中，学生将个人经历概括为特定情况，这导致了一种误解，教师需要通过一系列澄清问题来解决。

第三章 加强"以思促学"的行为

教师提问:"纽约州的奥尔巴尼,像其他许多州的首府一样,位于一条河流上。为什么这么多州的首府都位于河流上?"

学生回答:"我认为这是因为人们喜欢生活在河流旁边,因为他们看到水很高兴,还可以做一些事情,比如钓鱼。"

教师提问:"能告诉我你为什么这么想吗? 我想知道为什么你认为钓鱼和风景名胜与州首府有关。"

学生回答:"嗯,我叔叔住在纳什维尔。我知道那是田纳西州的首府,因为当我拜访他时,他带我去了国会大厦。我叔叔的房子就在河边,阿姨告诉我,他们买这个房子是因为她喜欢看水,而叔叔喜欢钓鱼。"

教师提问:"这有助于我理解是什么影响了你的答案。但让我们花一分钟来回顾州决定其首府所在地的历史时期。例如,纳什维尔的国会大厦建于1859年,那是多少年前的事呢?"

学生回答:"嗯,让我想想。那是150多年前的事了。对吗?"

教师提问:"是的。现在,你知道在19世纪人们是如何旅行,以及运送食物和其他货物的吗?"

学生回答:"我知道他们没有汽车、卡车或飞机。我猜他们骑马、乘船运送,有时乘坐火车。"

教师接着问:"现在,告诉我,一个州的首府有什么功能。"

学生回答:"那是法律制定的地方,也是州长和其他人来的地方。哦,我想我知道为什么这么多州的首府都在河上了。首府需要在有很多人住,以及其他人可以来参观的地方。那时,人们可能想要住在河边,这样他们就有船来运送货物和旅行了。因此,州可能决定在人们居住的地方建立首府,而其他人可以轻松地到达那里。"

教师接着说:"你确实思考出了自己的答案。你基于自己已经知道的和相关知识,创建了一个新的理解。你的推论是正确的。为了旅行和运输,

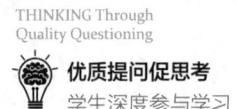

很多州的首府都位于河流上。下次你去拜访你的叔叔和阿姨时,可以和他们分享你学到的新知识 —— 也许可以是当你们钓鱼的时候!"

在这个例子中,请注意教师是如何温和地挑战学生的假设,然后提供提示,帮助学生以有序的方式检索相关旧知的。这一系列问题协助学生建立了一个逻辑链,可以帮助他面对未来类似的思考挑战。

更好地回答需要高层次认知水平的问题时,学生并不总是需要复杂的支架的。有时他们只需要更多的时间来思考和温和的鼓励。当学生路子对头,但没有将思考转移到适当的认知水平上时,教师可以选择提供一些提示。在这种情况下,以下提示可能特别有用:

- 你能再多说一点吗?
- 你对这个主题的思考我很感兴趣。你能继续说下去吗?
- 你已经说了_____,这是正确的。照这样推理下去,接下来你会怎么想?

有时学生似乎能够回答问题,但是他们难以清楚地表达自己的思考。这种情况发生在他们过度概括,迷失在自己的想法中,继而做出了模糊或令人困惑的陈述的时候。以下句干提供了一个起点,以帮助学生澄清想法和/或缩小思考的范围:

- 你能告诉我你说_____是什么意思吗?
- 你如何定义或使用词语_____?
- 你可以用不同的词来表达你的主要意思吗?
- 你可以给我一个例子吗?

学生回答开放型问题的一个普遍问题是,倾向于在没有证据证明的情况下提出意见,或者人云亦云。例如,没有使用标准来评估逻辑的合理性,就直接附和一个想法。我们建议,在全班讨论或协同学习的环境中,在提供评价性问题之前,教师应与学生一起回顾评价水平的资源(如第二章中介绍的资源)。帮助学生理解基于标准做出判断所涉及的内容。让学生在合作的环境中制定标准,帮助他们理解"检查"和"评判"这两种评估方式的区别。然后,通过提出以下问题,让他们对自己的思考负责:

- 你有什么证据来支持这个判断?
- 你正在应用哪些评价标准?
- 帮助我理解这个判断与标准1的一致性。

第四章有更多关于如何使用学生回答来提示教师后续问题的内容,使学生的思考更明确、更准确和/或更深入。当学生的思维可视化时,思考和学习的支架与反馈都会得到改善。如下所述,有各种各样的策略来实现这一目标。

优质提问促思考:

　　当你在课堂讨论中寻求学生背后的思考时,你面临的最大挑战是什么?你发现哪些策略能成功实现这一目标?你要补充哪些方法?

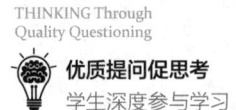

促进思维可视化

"思维可视化"是哈佛大学主持的"零点项目"中的一个网站的名称,著名的认知科学家和思想领袖戴维·珀金斯(David Perkins)参与管理。该网站(http://www.pz.harvard.edu/vt)致力于将可视化思维融入课堂文化,提供了一系列丰富的资源,以帮助教师实现这一目标。其中特别有价值的是可以在任何内容领域或年级中使用的学生思考规范和协议。多年来,珀金斯及其成果对我们的思考,以及我们与教师在优质提问方面的合作,有着巨大的影响。优质的问题和优质提问支持思考和学习的可视化。结合优质提问,我们利用零点项目和其他志同道合的智囊团提供的许多思考规范和信息组织图来增强学生的思考能力。

> 教师可以帮助学生改变自己原有的观念,促进学生思维的可视化,以便纠正学生错误的观念,鼓励学生超越具体问题来思考,或者考虑到问题的变化。
>
> ——布兰福德,布朗和考克(Bransford, Brown, & Cocking, 2000, p.78)

我们认为,三种不同的策略可以与优质提问相结合,使思维可视化:(1)教师示范;(2)信息组织图;(3)支持学生元认知发展的思考策略和启发式教育法。以下提供了这三种策略的简要概述及课堂应用的具体例子。

教师示范

课堂支架最方便使用和最明显的形式就是教师示范。教师可以将演示模式从讲述转变为通过文本、问题或决策来展示他们是如何思考的。要想示范适当,示范的人必须"精通于应用特定技能或思考习惯",并"逐步展示如何应用思考技能或表现出思考习惯，解释每个步骤或行为是如何完成的以及它为什么是重要的"(Swartz et al., 2008, p.79)。优质提问是针对这一具体目标制定的许多明确的协议或策略的核心，包括"出声思考"和"互惠教学"。

出声思考。小学教师早就知道出声思考的价值，特别是在识字教学中。运用这种策略，教师就会在朗读课文时用语言表达出自己的思考。目的在于使思维对学生可视，这样学生就能够从专家示范中学习。伊斯雷尔和梅西（Israel & Massey, 2005）已经确定了在阅读之前、之中和之后使用的六种不同的思考策略（p.188）。这些策略如表 3.3 所示，示例问题出自正在阅读《夏洛的网》（*Charlotte's Web*, White, 1952）的小学生。

当教师在出声思考中提出问题，学生会口头回答。向学生示范出声思考后，教师开始要求学生在阅读小组中出声思考。在这种情境中，学生可以通过练习出声思考来发展自己的理解能力。然后，教师提供反馈，以帮助学习者改善这种认知加工方式。

数学教师经常调整出声思考策略，因为数学教学的重点是解决数学问题中的推理问题。通常情况下，教师会逐步讲解解决过程，表达出自己的思考，并鼓励学生与她一起思考。这种学生思考的支架使得学生能够参与超出自己能独立执行的、更复杂或更困难的解决过程（Silbey, 2002, p.1）。在阅读过程中，教师可以让学生进行出声思考，并逐渐放开对学生数学讨论的控制。

出声思考适用于所有教学层面和大多数内容领域。使用的两个标准是内容足够真实和复杂，并且能够启迪思维。实施出声思考最大的局限之一是教师对自己的思考和学习策略缺乏认识。例如，为了在识字课使用出声思考策略，教师必须在为学生示范之前，对自己的阅读策略进行认识、反思和阐释。

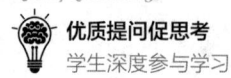

表3.3　出声思考策略

出声思考策略	示例问题
阅读之前 ・激活旧知	这个故事是关于弗恩的,一个与父母生活在农场的小女孩。在我阅读这个故事之前,我希望回忆起我所知道的关于农场的信息。
阅读之中 ・将文本与文本关联	第8页写道:"弗恩喜欢威尔伯,她喜欢抚摸他、喂他、哄他睡觉。每天早上一起床,她就为他热牛奶,给他戴上围嘴,帮他拿着瓶子。"之前,我们阅读过弗恩不得不教威尔伯如何使用瓶子,我还记得弗恩如何学着照顾威尔伯。弗恩的妈妈到底做了什么来帮助她呢?
・将文本与旧知关联	所有婴儿都需要父母的照顾。我正在回忆我知道的父母为婴儿做的事。 我问自己,弗恩的照顾行为与我所知的父母的行为有什么相似和不同。
・做出推论	当我阅读本章时,我开始思考为什么弗恩的父母允许她将这只小猪作为宠物。据目前所知,我能推断出什么?
阅读之后 ・使用策略,例如总结、预测、提问	我们已经阅读完这一章,我有一个问题:当威尔伯长大之后,弗恩还将继续这么爱他吗?
・反思	我真的很喜欢弗恩和威尔伯的这个故事,特别是作者描述人物的方式。我感觉自己好像真的理解了弗恩和威尔伯的关系。我希望自己能写一个故事,用这种方式使人物活过来。

互惠教学。互惠教学,另一种使思维可视化的启发式教育法,也来自识字教学。该策略由帕林克萨和布朗(Palincsar & Brown, 1984)开发,重点在于发展产生问题、澄清、总结和预测方面的技能。在一开始使用时,教师要给出示范,让学生围绕一个选定的文本进行互动对话。随着学生越来越

熟练，教师逐渐放手，并指定学生在此过程中承担不同的角色。当学生进行互动对话时，教师监督并提供反馈。

与出声思考一样，教师在互惠教学时，选择文本中的一段作为重点；文本的长度和难度将根据课程目标、学生能力以及其他学习者的特点而有所不同。该过程包括三个步骤；想要达到预期的结果，必须按照开发者的规定遵循每一步（Swicegood & Parsons, 1989, p.6）。

1. 教师指导学生总结所选文本的内容，并就阅读过的内容提出问题。为了落实这一步，教师可提出焦点问题，提示学生讨论所选文本的细节，进行推论，并预测接下来可能发生的事。

2. 在学习一开始，教师提供示范，教会学生如何形成良好的问题。她可以提供口头提示，协助学生构建优质问题（例如，你希望将主角作为朋友吗？为什么或为什么不）。教师应细致谨慎地勾勒出一个难度适当的问题，让学生在思考和发言中变得更自信。

随着学生在过程中变得更加熟练，教师逐渐地从扶到放。他可指定一名学生担任提问者。在更成熟的阶段时，教师只扮演教练的角色，仔细倾听学生的问题和回答，尤其关注学生的思考和推理能力。只有当个人或小组转向更高层次的思考而需要学习支架时，他才进行干预。

3. 在整个过程中，所有学生都要提出问题，以澄清自己对文本的理解。这可能涉及提问一个词的意义，或者要求发言学生提供额外的信息。虽然互惠教学的开发者没有明确提出在执行相互提问的过程中使用等待时间，但我们相信等待时间会为此过程中的学习增值。

与互惠教学相关的研究基础是广泛的。该方法可用于K-16学生，适用于任何以理解为目标的内容领域。使用这个方法时，没有商量余地的是

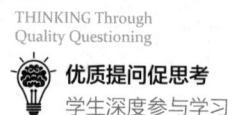

教师的认同：为了使此方法发挥作用，教师需要相信合作有助于学生学习并取得成就（Palincsar & Brown，1984）。

> 优质提问促思考：
>   在使用出声思考和类似的策略来帮助学生方面，你有什么经验（如果有的话）？你如何与学生应用出声思考和互惠教学策略？

信息组织图和思考规范

马扎诺等人（Marzano, Pickering, & Pollock, 2001）将非语言表征认定为有效的九项教学策略之一（p.76）。信息组织图是教师和学生的最爱，作为非语言表征策略的一个特殊子集，它是使学生思考和回应可视化的有效途径。教师可以使用图示来记录和显示学生对一系列问题的答案。马扎诺发现，信息组织图在显示六种类型的模式时特别有用。

鉴于模式识别是最基础（经常被测试）的思考能力之一，我们可以提出一个强有力的论断，那就是将信息组织图与优质提问结合起来。马扎诺（Marzano et al., 2001）确定的六种类型的模式是：(1) 描述；(2) 时间序列；(3) 因果关系；(4) 情节；(5) 概括／原理；(6) 概念模式（pp.77—80）。对于每种类型的模式，马扎诺都提供了大多数教师熟悉的可视化图示。

我们发现在整个课堂和协作环境中使用这些信息组织图特别有价值。在一个由教师主导的课堂中，教师可以提出一个旨在产生与这六种确认的模式之一相关的结果的问题。当学生回答时，教师（或学生）会在白板或智能板（SMART Board）上记录答案。通过帮助学生"看到"模式的产生，支持学生进行可视化学习。

看看以下例子：一位美国历史教师向中学生提出了以下问题：许多19世纪的美国人增加赌注，将家人和朋友抛在脑后，加入了西部拓荒。什么因素会促使一个人决定在一个未知的领域重新开始？当学生开始回答时，教师要求他们在课堂智能板上记录自己的答案。以下模式（图3.6）出现了。当一名学生做出了新的回答时，教师问："你会把它放在因果链的哪里？它与我们的因果链中的其他因素有什么关系？"

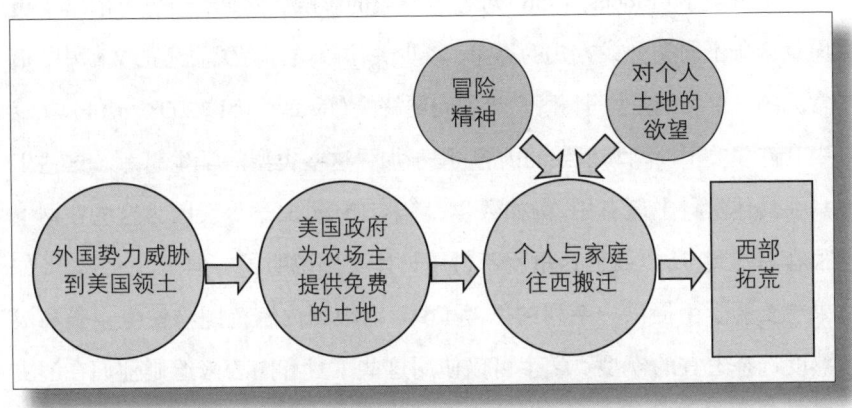

图 3.6　因果关系信息组织图

目前，有许多关于如何使用信息组织图的培训资源，包括商业公司，如Thinking Maps™。通常，学校的每位教师都会参加这样的培训，学生也开始在所有学科中构建类似的框架来协助思考。另外，许多书籍、期刊文章、基于网络的资源和顾问，都能协助教育者系统地使用这些学习工具。这些工具可以为学生的思考提供强大的支持。然而，其价值与教师用于生成视觉效果而输入的问题的质量直接相关。

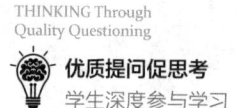
优质提问促思考
学生深度参与学习

思考策略

本书的主题之一是发展学生的责任感和学习自主权。明确的教师提问行为与学生的认知和元认知成果之间建立了直接联系。优质提问在促使学生产生这些成果方面是有效的。除了构建优质问题,教师还可以为学生提供工具、策略、框架和模型,帮助他们将自己的认知操作变得可视化。

教师通常会参考一些分类学来谈论不同的思考方式。这可能是由于布卢姆分类学(Bloom, 1956)对思考分类的影响。然而,会思考的学生更愿意区分不同类型或方式的思考,较少关注分类。有关思考的文献中,最常见的三个类别是决策、概念化和问题解决(Swartz et al., 2008, p.14),文献中有许多关于模型和框架的内容,用于加强这些类型的学生思考。这些工具在具体学科中最有用,例如数学、科学、历史、文学等。因为这些在网上很容易找到,所以我们这里就不再用具体实例说明了。但是,一名教师如果想要为学生提供一系列的思考工具,需根据内容范围与学生年龄和成熟度选择适宜的模型。学生可以使用这些工具和图表来绘制他们在解决问题、做出决策或试图理解概念时所践行的心理步骤。

同样地,学生受益于以绘制其元认知活动而提供的模型。元认知研究的一个方面是自我管理,被定义为"学习者将自己的心理能力转化为学习技能的自我指导学习过程"(Zimmerman, 1998, p.2)。这一领域的思想领袖强调,自我管理既不是学习技能(如阅读能力),也不是心理能力(如智力)。此外,他们都认为自我管理有两个重要特征:(1)学生可以学习自我管理技能,从而使相关的元认知过程可视化,并且更易于理解;(2)自我管理会使绩效水平得到提高(Ritchhart & Perkins, 2005; Zimmerman, 1998)。

与策略思考的其他部分一样,自我管理也将学生的学习分为三个关键阶段:(1)启动;(2)展开;(3)结束。例如,齐默尔曼(Zimmerman, 1998)

就将自我管理看作一个由三个阶段组成的周期：(1)预想；(2)表现；(3)自我反思(pp.2—3)。

"预想"发生在学习周期开始之前，引导学生制定目标和规划学习策略。本质上，学生需将学习目标转化为个人学习目标，并决定学习策略来帮助他达成这些目标。例如，学生可能决定使用信息组织图来总结他对主要概念的理解。在一个优质提问的课堂上，我们希望他能选择向教师和学生提出一些关于阅读的问题，并采取积极和批判的倾听行为。与自我管理的其他组成部分一样，与"预想"相关的活动对学生使用形成性反馈至关重要，这是第四章的重点。

在学习过程中发生的"表现"活动，包括注意力集中、自我指导/意象和自我监控。注意力集中能让学习者过滤掉会使其分心的东西，专注于学习目标。自我指导涉及学习者在完成学习任务期间进行自我对话的能力。本章前面讨论的出声思考和互惠教学的目的就是加强学生的自我指导。当学生在实现学习目标方面取得进展时，就会发生自我监控。在一个优质提问的课堂中，学生可以通过寻求与加工教师和同学的形成性反馈来记录自己的进展。

齐默尔曼(1998)所指的学习周期的第三阶段是"自我反思"。我们称之为"学生反思"，并且同意齐默尔曼的观点，即学生在课程或学习单元结束时进行自我评估是有益的。自我评估或自我评价与教师评价在指导学生未来学习方向方面同样重要。反思也能使学生思考学习成功(或失败)的原因。研究结果表明，"自我管理的学习者倾向于将失败归因于可纠正的原因，将成功归因于个人能力"(Zimmerman, p.5)。

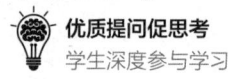

优质提问促思考：

安德森和克拉斯沃（2001）写道，元认知知识"包括关于个人学习和思考的知识，自我评估和自我监控策略，以及其他策略知识"（p.45）。你认为可以以什么方式帮助学生发展元认知知识？

链接：发展学习者的能力

几乎所有的学习都发生在一个复杂的社会环境中，如果你认为学习是在一个孤立的学习者头脑中发生的心理过程，那么学习就难以理解了。

——基思·索耶（R.Keith Sawyer,2009,p.9）

教师的重点是加强"以思促学"的行为，这涉及一系列相互关联的过程。第三章着重于四个过程：（1）期待深思的回应；（2）提供思考的时间；（3）支持思考和回应；（4）促进思维可视化。这些都为支持学生思考和学习做出了独特贡献。当我们能够将这四个组成部分全部纳入日常实践时，它们会以协作的方式相互作用——使学生学习产生强大的效果。它们为学习者能力的特殊领域——元认知、参与度和自我效能感起到增值作用。

学生的元认知

·**我期望学到或能做什么？** 当我们期待深思的回应，并为学生提供思考的时间时，我们传达了期望：他们的学习是个人的、真实的，并嵌入了旧知。这使他们能够制定有个人意义的学习目标——而不仅仅是模仿或遵循教师制定的目标。另外,当协助学生学习和思考时,我们帮助他们澄清了学习的**内容**和**方式**。提供"关于思考的思考"的框架支持了这一重要的元认知组成部分。

· **我现在对这个主题有什么想法和认知?是否准确?** 支架是一种策略,旨在通过帮助学生解决一个主题或一个难题来支持学生回答这个问题。教师提供线索、提示和使用信息组织图,使学生的思考浮出水面,让学生能够公开地测试这种思考,反思并调整。

· **我如何对学习内容达成个人理解?** 第三章提出的所有教师行为都促进了个人意义的形成。事实上,它们都依赖于教师的信念,即只有当学生有机会将新知识与他们已有的知识联系起来构建意义时,才会发生深刻而持久的学习。让学生练习思考新知识与已有知识之间的关系,有助于他们制定终身的思考策略。

· **我如何监控自己的学习与进步?** 学生需要时间和框架来进行有效的监控和自我管理。这一领域的大多数研究人员都认为,教师应该在课前、课中和课后提供这种支持。当教师建立和接受监控的价值时,他们也为学生提供了反思自己学习的机会,这是持续监控的一个条件。

· **我的反应能力已经发展到了什么程度?** 教师和学生可以使用第三章中提到的规范来回答这个问题。这些规范是永恒的,甚至在课堂外,这些规范也可以继续支持学生的思考和学习。

· **我学到了什么?我将如何继续深化学习?** 学生对这些问题的回答,比教师或其他外部评估员提供的考试成绩或其他正式评估更有意义。这是元认知加工的组成部分,激发和满足了学生持续、独立学习的动机和愿望。

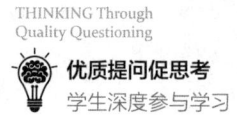

学生的参与度

你还记得你脑海中的"教学的核心"的视觉形象吗?如果记得的话,你的主要关注点可能是教师和学生之间的关系。教师的期望和有效的支架会让学生直接参与课堂互动。第三章提出的每一套策略都能让教师协助学生更好地运用自己的想法。这些策略远远超出了菲尔·施莱蒂(2002)所提出的常规参与度 —— 学生遵守或使自己的行为符合他们所认为的适当的学校行为。

当教师提供支架,并使学习可视化时,他们便使学生在认知和元认知层面参与了学习。学生不仅与教师及同学互动,也围绕内容或课堂进行互动,以使其对他们有意义。像信息组织图这样的策略就有助于激活学生对内容的思考。

学生的自我效能感

当学生通过自己的思考来学习时,他们对自己控制学习成果的能力的信念就会变得更强。看看以下情境,思考学生对自我效能感的信念是如何受到影响的。

· 以前,乔斯(José)在课堂上总是静静地坐着,听着其他学生"鹦鹉学舌"般地回答他们认为的教师想要的答案。不过,他的新老师威廉姆斯(Williams)很清楚,他希望学生带着自己的想法来回答 —— 不要试图读懂他的心思。因此,乔斯现在提出了自己的想法,有时威廉姆斯先生会把这些想法作为特别深刻的见解。

· 鲍比(Bobby)是一名学生,当一半的同学都将自己的手挥舞在空中,准备回答这个问题时，他总是在考虑自己的答案。之后，他的教师实施了等待时间 1 和 2，现在鲍比有时间去想自己的答案了 —— 教师经常叫他回答。

·凯沙（Keisha）是视觉学习者，但上中学以来，她就一直在努力从教师讲课和工作表中学习。今年，她的英语老师正在使用一系列的信息组织图来记录和说明学生的思考和回应。凯沙感觉学习好像在这个课堂里活了。

这些只是用支架来提高自我效能感的几个例子。你可能还记得，自我效能感与自我管理有关，这会使绩效水平得到提高。

教师可给学生提供许多礼物。在我们看来，没有什么比礼物更能唤醒学生的潜力和能力，来控制自己的学习和命运的了。

第四章

鼓励运用反馈

如何将提问以形成性评估和反馈的方式改进学生的学习?

焦点问题

1. 优质提问的哪些维度使其成为一种强大的形成性评估?
2. 教师和学生如何利用学生的回应来确定当前和预期的学生知能之间的差距?
3. 有效的形成性反馈的特质是什么?
4. 学生如何用自我评估和合作来监控学习进度?

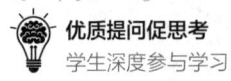

> 所有的评估都与提问有关。在要求学生识别、解释或证明自己所熟悉的知识时，教师可以确定差距、错误的信息和误用的知识。
>
> ——劳拉·格林斯坦（Laura Greenstein, 2010, p.82）

形成性评估和反馈显著影响着学生的学习。瑞克·斯蒂金斯等人（Rick Stiggins, Arter, Chappuis, & Chappuis, 2006）写道："评估对学生成就的影响是班级规模缩减影响的四到五倍……几乎没有其他教育干预措施达到与学习评估同等的影响水平。"（p.37）布莱克和威廉（Black & Wiliam, 1998a）对这一主题的研究进行了广泛的综述，得出的结论是有效地使用形成性评估可以使学生获得"有史以来最大的教育干预"（p.61）。一些思想领袖将形成性评估、促进学习的评估与总结性评估或学习评估区分开来。他们认同优质提问是执行这一重要教学实践的主要策略（Black & Wiliam, 1998a; Fisher & Frey, 2007; Heritage, 2010; Moss & Brookhart, 2009）。简单地说，当为形成性评估服务时，优质提问达到了最高目的，这是学习循环圈的关键组成部分。

> 形成性评估是一个在教与学过程中不断发生的过程，为教师和学生提供反馈，以缩小学习与预期目标之间的差距。
>
> ——赫里蒂奇
> （Heritage, 2010, p.10）

提问是唯一一种可以"在教与学过程中不断地为教师和学生提供反馈"的评估类型（Heritage, 2010, p.10）。这是因为问题和答案是任何课程或学习循环圈的自然发生部分；它们不是障碍或附属物。教师可以从呈现内容无缝衔接到提问；学生可以从参与教师的教学转变到回答或提出问题。提问过程的这些特点，使其成为课堂上实时形成性评估的"步兵"，并适应不同的情境和环境。

在太多的课堂上,教师和学生都没有意识到提问作为形成性评估的可能性。教师提出问题,学生回答,教师评价;然而,这些交流更多的是例行公事,而不会生成丰富的数据资源。为什么这么多的互动都忽略了这一点?首先,教师未能利用既定的标准和学习目标来系统地校准问题。此外,教师和学生都不经常分析学生的回答,来确定学生现有的知识和技能与预期学习成果之间的差距。当学生提供不正确或不完整的回答时,教师通常也不会给他们提供形成性反馈。相反,学生会自己评估回答的正确性,并继续下一个问题。最后,教师不会一直将学生的回答视为决定下一步教学的反馈。

　　在学习过程中,教师如何将传统的提问方式转化为游戏规则改变者?挑战在于:(1)提出问题,产生数据,证明学生在学习目标上取得的进展(即确定差距);(2)将学生的回答作为反馈,实施将会缩小已确定的差距的教学;(3)将这种反馈传达给学生,使他们能够调整学习策略,纠正误解。

　　在本章中,我们将提供本书前面讨论过的有关优质提问的维度的案例,这也是为了达成形成性评估的目的。事实上,当施行有效时,优质提问与形成性评估是密不可分的。本章将围绕有效地利用优质提问,将其作为形成性评估的一个改变游戏规则的工具的教师行为来组织:

- 利用问题来评估学生在学习目标上的进展。
- 如果有的话,确定当前和预期的知能之间的差距。
- 向学生提供反馈。
- 运用反馈指导教学。

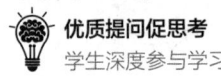

> **优质提问促思考:**
> 你在多大程度上有意识和系统地使用提问来促进形成性评估和反馈,以支持学生学习?你如何评估你当前的这些做法?

利用问题来评估学生在学习目标上的进展

第二章讨论的优质问题的所有要素都适用于将提问作为形成性评估。对于教师和学生来说,要准确地评估知识和表现,问题需要与学生明确的学习目标保持一致。这些问题对于学生来说应该具有适当的挑战性——既不容易,也不太难。最常见的是,教师提出超越简单记忆水平的问题,要求学生在不同背景中应用知识(即迁移),表达理解,解释他们的思考过程,或分析和总结信息。更具体地说,当教师采用与"优质提问促思考"框架的第一阶段相关的行为,构建优质问题,以及学生自己提出能使他们参与自我评估的问题时,提问将成为形成性评估和反馈的高效工具。

构建评估学生在学习目标上的进展的问题

你可能会记得,与构建优质问题相关的第一个行为是**确定内容重点**。我们强调了将问题的内容集中在源于国家标准的学习目标上的重要性。反过来,富有成效的形成性评估的第一个标准就是教师确定学习目标和成功标准,将其传达给学生,并将评估与这些目标结合起来。当教师传达学习目标时,学生可以将它们转化为自己的学习目标,他们可以问自己:"我想学什么或我能做什么?"然后,当教师提出符合学习目标的问题时,学生就会理解教师的问题与自己学习的相关性。

将问题与确定的教学目标相结合，教师能更清楚学生回答的可接受参数。当教师提出简单记忆水平的问题时，学生只需提供必备知识。然而，高于记忆水平的问题需要必备知识和思考能力。为提供有效的反馈，教师必须弄清楚一个问题所引起的思考应该是怎么样的。这将使教师能够提供与知识和思考能力相关的反馈，或者为学生的自我评估或学生小组的同伴评估制定一个可接受回答的量规或标准。在本章的后面，我们提供了有关形成和给予思考反馈的建议。

构建优质问题的另一个考虑因素是其被传递的社会交往环境。在第二章中，我们区分了由教师向一名或多名学生提出的问题，由教师设计、用于合作或协作小组的问题，以及设计用于独立学习的学生做出回应和自我评估的问题。通常情况下，我们认为是由教师向个人或学生小组提出评价性问题的。然而，自我评估和同伴评估是形成性评估的关键组成部分，研究表明，自我评估是最有效的学习工具之一。这使得教师有意识地制定适合在独立和小组学习中使用的问题至关重要。本节稍后将会有更多关于学生自我评估的内容。

最后，如果一个问题要准确地评估学生所知道的事和能做的事，学生必须理解问题是什么。优质问题必须清晰、简洁，从而向学生传达可接受回答的知识和思考要求。

设计优质问题来评估学生在学习目标上的进度，是一项艰巨的工作。实践这一行为的教师会获得一些积极的影响。首先，作为课程计划过程的一部分，提出问题的行为有助于教师在头脑中更清楚地理解学习目标及其是如何被衡量的。一项研究显示，在参与了一项为期一年的项目来培养形成性评估技能后，教师宣称他们花在计划上的时间多于花在评分上的时间。"教师通过更加仔细地思考学生在课堂上提出的问题，就可以在课上

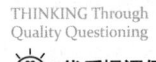
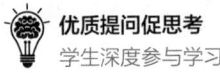

检查学生的理解情况,而不是在下课之后,就像评分一样"(Leahy, Lyon, Thompson, & Wiliam, 2005, p.21)。

　　教师协同设计问题的效果很强大。当教师在年级或学科团队中工作时,他们会一起讨论标准,并开发或研究聚焦优质问题的学习目标,与同事一起思考如何概念化问题才能提高问题的质量。在课堂上使用这些焦点问题后,教师将学生回应的数据带到团队会议,进行分享和比较,并一起反思学生在学习中的位置。同时,教师考虑下一步的教学,反思他们设计和调整的问题的价值,如果问题合适,未来将与学生一起使用。

优质提问促思考:
　　反思特别适合形成性评估的优质问题的特点。你是否有意识地设计问题用于形成性评估?学生是否知道你课堂上的问题是为了这个目的?

促进学生自我评估

　　虽然教师问题是对学生学习进行形成性评估的重要手段,但积极的学生自我评估也同样重要。那些正在发展元认知和自我管理技能的学生会问自己这些问题:我知道这个问题的答案吗?我对自己的回答有信心吗?我可以用例子和逻辑推理来捍卫自己的答案吗?我认为不止一个答案是可能的吗?我是否理解问题所需的思考水平,且我是否确信自己的答案符合这种思考水平的标准?如果我不知道答案,或者我不确定问题是什么,我要问什么问题?学生可能会提出这样的问题,为了这一目的,教师必须为他们提供时间。

大部分自我评估的问题会出现在教师提问之后的停顿：等待时间 1 中。在每名学生都负责为每个问题给出一个答案的课堂里，所有学生都将在生成回答时考虑这些问题。如果教师在要求全班回答之前使用了"思考 — 配对 — 分享"等合作学习回应方式，学生就有另一个机会进行自我评估——这次是与搭档一起进行。当他们向搭档大声说出答案时，他们可以反思自己这样思考的背后原因，并评估答案的正确程度。当他们听搭档回答时，他们可以比较两者的答案：我们都正确吗？我们相信同样的事情吗？为什么他的答案与我的不同？我们能否为自己的答案提供一个理论依据？如果时间允许，他们可能会向对方提供反馈——特别是当其中一个答案是错误的时候。

当教师要求学生分享答案时，等待时间 2 为学生的自我评估提供了一个额外的机会。对于被要求回答的学生，思考和自我评估会在她回答后的沉默中继续进行。在这一沉默中，她可能会问自己：这个答案是否正确？还有什么话能更清楚地表达我的立场吗？举例子会更有说服力吗？我是提出一个替代方案，还是提出一个问题来澄清我的思考？我对自己的回答有信心吗？我在适当的认知水平上回答了吗？

根据我们的经验，当学生不了解等待时间 2，以及它促进思考的目的时，在回答之后的沉默中，他们首先想到的是：我的答案是错误的，不然教师会让我知道的。在传统的课堂中，学生还没有学会使用时间来思考答案的规范，他们的回答是为了给出教师的答案。他们已经做了所有要做的思考；现在应该是教师让他们知道自己是正确还是错误的时候了。这种普遍的回答教师的规范不能促进自我评估或思考。

> 学生的自我评估远不是一种奢侈品，它实际上是形成性评估的一个重要组成部分。
> ——布莱克和威廉姆
> （Black & Wiliam, 1998b, p.143）

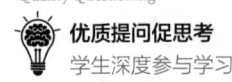

优质提问促思考
学生深度参与学习

那没有被叫到的学生呢？当他听到同学的回答时，他评估着自己的思考。在沉默中，他可能会问自己：我同意吗？我有什么要补充的吗？我不同意吗？如果是这样的话，我可以为自己的答案提供一个明确的理由吗？两个答案都可能正确吗？我可以问什么问题来更好地理解她的回答？

在等待时间2期间，学生在思考，教师在形成适当的反馈。另外，一名没有回答的学生可能会插话：我也在想同样的事情，但是我的答案有一个不同的理由。随着其他学生补充自己的想法，给予对方反馈的同时评估自己的思考，讨论可能会继续下去。教师参与这一讨论来识别和建立正确的答案，提出额外的问题，或要求证据——向学生示范如何以思考和尊重的方式来参与讨论。教师也可以在误解或错误答案出现时提供反馈。

在许多课堂中，教师不了解或忘记以有意识的、不具威胁性的方式使用等待时间2时，教师评估答案，并在自我评估过程发生之前就继续课堂活动了。学生向教师单向汇报，而不是互动，这种例行公事还在继续。持续使用等待时间实际上延伸了学生思考和自我评估，而教师对学生回答的回应往往会扼杀思考。

优质提问促思考：
你能做些什么来鼓励学生把每一个课堂问题都作为自我评估的机会？学生会惊讶地发现自己有责任监控自己的学习吗？

当学生积极参与评估过程，而不是被动接受评估时，他们会对自己的学习更负责，而且会更积极地学习。他们基本上都拥有学习能力，这种能力在评估自己回答的准确性方面起着重要的作用。在有意识地使用形成性评估的课堂中，学生理解评估是学习过程的一部分。他们将进一步认识到，教师的作用是帮助他们发展责任心，以进行思考并评估自己的答案。

学生如何学习自我评估？有些学生来学校时已具备这种技能；其他人则需要更明确的指导。所有人都能有机会反思自己所学的知识和学习方式，这是有益的。此外，他们在谈论自己的学习过程和倾听其他学生讨论他们的学习过程时，可以发展洞察力。教师可以提供具体的线索来引导其他学生思考。学生回答后，教师可以问：如果你们同意，请给我一个竖起的大拇指，并要求其中一名学生解释为什么答案是正确的。或者，在学生给出正确答案后，教师可以问一个后续问题（你能解释一下你是如何得到这个答案的吗？），请学生明确地说出她的思考，使其他学生能听到思考的过程。所有这些工具都有助于学生进行自我评估。

构建同伴评估

布莱克（Black）和他的研究人员（2003）发现，"在实践中，同伴评估被证明是一个重要的补充，甚至可能是自我评估的先决要求"（p.52）。

> 学生应该学会问有关自己学习的问题，并通过反思来调整学习，从而进行自己的形成性评估。当学生有机会评估自己和他人的学习时……有一项权力就从教师转移到了学习者。另一方面，当形成性反馈完全被教师"拥有"时，学习者在课堂上的力量就会被减弱，积极主动和独立学习的品质的发展就会被抑制。
>
> ——佩赖格里诺，邱导斯基和格拉泽（Pellegrino, Chudowsky, & Glaser, 2001, p.237）

这些研究人员为这种现象提供了三个令人信服的理由：（1）当知道同伴将会评估自己的工作时，学生往往更有动力，学习更加细心；（2）学生能更好地理解同伴的建议，因为同伴用的是他们的语言；（3）教师更倾向于关注从一个小组收到的反馈，而不是一名学生的反馈。

如果同伴评估是有效和有价值的，那么，学生需要一套共同的标准来评估他们的同伴。量规又一次成为一个宝贵的工具，用来帮助学生理解与给定学习目标相关的成功标准。大多数情况下，同伴评估发生在协作小组中。教师可以提出问题供小组使用，以探索给定的主题，并向小组提供一个评估他们的回应的量规。

诤友评估协议为同伴评估员提供了结构和支架。我们最近在田纳西州孟菲斯市外的一所小学看到了这样一个协议。学生四人一组，听同伴阅读他们写的故事或记叙文。每组两名学生阅读，另外两名提问，向读故事或记叙文的学生提供积极的和建设性的反馈。学生在提出反馈时，使用了州写作量规的修改版本。此外，他们还可以对写作方式提出改进建议。我们亲眼一睹了这种反思活动，它帮助学生开始用写作来取悦自己，而不是教师。他们开始制定良好的写作目标，并且知道自己什么时候达到了掌握水平，什么时候需要改进。先对其他学生的故事进行评估，学生就更容易学会自我评估。毕竟，相比自己的作品，他们更容易在别人的作品中发现需要改进的部分（Leahy et al., 2005, p.23）。将分析和评估技能转移到自己的写作中，这在这些孩子的学习生活中是一种变革性的经验。

确定当前和预期的知能之间的差距

这是游戏规则改变者！提出和传达优质问题，引出深思和全面的学生回答，这只是一部分。一旦学生发言，真正的游戏才开始。教师的作用是将嵌入的知识和思考与预期的学生回应进行比较，分析学生的答案，考查其是否符合成功标准。在这一过程中，教师确定了：(1)学生知道什么和能做什么；(2)如果有的话，学生的实际与预期的知识和技能水平之间的矛盾。两者之间的矛盾构成了学习差距。随着学生越来越善于自我评估，他们会承担起更大的责任,确定自己的学习差距。制定有效反馈的本质在于确定学习差距是否存在,如果差距存在,则确定它是什么。图 4.1 展示了提问的组成部分,包括形成性评估和反馈,以及各组件之间的关系。

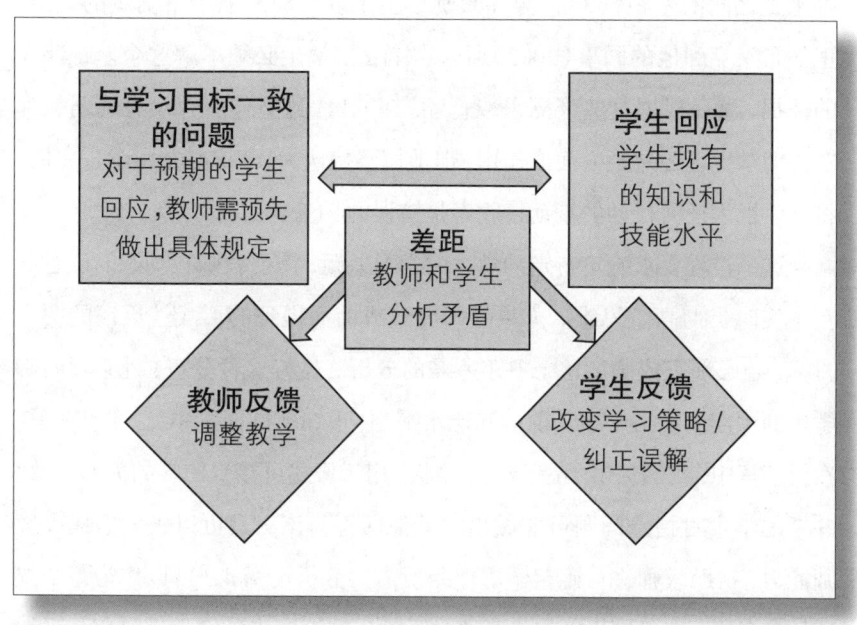

图 4.1 学习差距与问题、回应和反馈的关系

如上所述,学习差距表示学生当前的知识和技能与达到指定学习目标所需的知识和技能之间的关系。玛格丽特·赫里蒂奇(Margaret Heritage,2010),一名因形成性评估而著名的学生,写道:"正在学习新事物的学生应该有差距,否则学习不会进步。"(p.12)她进一步认为"解释形成性评估的证据是确定差距的关键"(p.13)。这说明了优质提问最合适的挑战或难度。我们在前几章中提到,优质提问会挑战学生的最近发展区,即 ZPD。这意味着,由问题而产生的学生学习差距,应该在该学生的最近发展区内。否则,缺乏足够的原有知识和技能的学生将会感到挫败,无法运用任何形式

的反馈。

　　对学生的形成性反馈必须实现两个目的：(1)促进学习者洞察或了解自己目前的理解(如他对一个问题的回答所体现的理解)水平与期望的理解水平之间的差距；(2)指导和激励学生采取行动来缩小所确定的差距。正如布莱克和他的同事(2003)所言："首先，学生必须了解这个差距存在的证据，然后根据这些证据采取行动。"(p.14)这些作者并没有削弱教师在协助学生理解差距方面的作用，但他们坚持认为"学习必须由学生完成。将学生视为任何行动的被动接收者是错误的"(p.14)。

　　这一过程要求确定特定的学生的学习差距，需要教师在动态的课堂交互中实时贯彻高阶思维。如果教师要达成前面提到的形成性反馈的两个目标，她必须完成确定这个差距所需的分析。做好这种分析，她必须明确学生的预期回应与学生当前的知能水平(体现在他的回答中)。回想一下，在第三章中，我们提供了一个规划模板，用于概述可接受回答的关键参数，并考虑学生对指定问题可能做出的其他回答。该工具可以极大地提高教师能力，帮助教师进行确定学习差距所需的分析。图 4.2 可以作为一个快速的参考提示，通过积极和认真地倾听学生的答案来确定学生目前与思考有关的理解或技能水平。有时候，教师需要与学生核查，以确保自己了解学生想要表达的内容。向学生提出澄清问题可以帮助教师验证对学生答案的理解。只有当教师明确预期回应和实际回应背后的思考时，她才能进行分析，从而确定差距。

　　在这一系列阶段和确定差距的过程中，教师要积极思考：分析学生的答案，将其分解成几个组成部分，比较答案与预期回应，确定学生答案的哪几个方面是正确且可以扩展的，隔绝学生知识和思考中的错误(如果有的话)，以便通过支架或布置学习补充任务等方式来提供适当的帮助，并确定如何针对这种差距与学生交流。等待时间 2 为教师提供了时间，

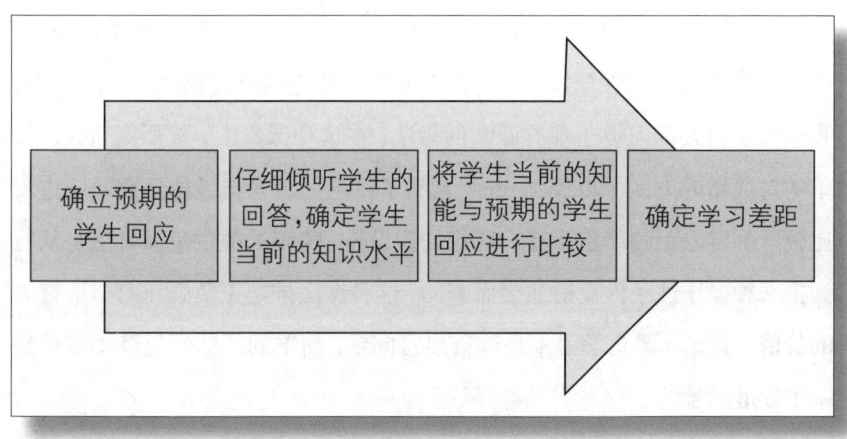

图 4.2　确定学生学习差距的过程

来进行这一具有挑战性的思考。如果教师要帮助学生了解这种差距并决定如何予以解决,那么这一分析是至关重要的。教师可以正面地直接向学生提供反馈,或通过支架,间接地让学生进行自我评估,从而确定差距和下一步的干预。最高效的教师通常选择后一种做法,努力发展学生这方面的能力,使他们能够在努力达成目标的过程中,对自己的学习和表现做出重要决定。

优质提问促思考:
　　你在确定学生学习差距方面的经验有哪些?你是否应用此规范来分析学生对口头问题的答案?如果是,结果是什么?

向学生提供反馈

　　形成性反馈只在以下两种情况中使用:(1)设计并提出有关学生学习

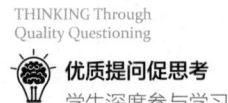

证据的问题;(2)分析学生的答案以确定学习差距。正如前面所强调的,如果是真正的形成性反馈,我们就不能直接从提问跳到提供反馈。然而,我们大多数人都习惯于现有课堂的做法,在这种课堂中,教师提问并以简单的对或错的方式予以评估——省略了将学生答案与最佳预期回应进行比较以确定差距的严格步骤。我们的假设是,传统的提供反馈方法是从行为主义和操作性条件反射演变而来的,这种做法推崇正负强化对塑造行为的价值。然而,课堂学习不是解答迷宫问题,简单的评估性反馈不能促进基于标准的学习。

另一方面,丰富的、描述性的、基于数据的反馈是复杂学习的强大驱动力。当收到这种反馈时,我们所有人都会表现得最好——特别是当我们完成一项复杂的任务时。我们看着健身房镜子中自己的身影以便在锻炼过程中调整姿势,在准备一顿饭菜时尝一下味道如何,请朋友对我们的简历提供反馈,或发现银行账单与支票簿对不上——无论是以上哪一种情况,我们的表现都会通过反馈得以加强。

然而,为了使反馈对学习者有效且有意义,接受反馈的人必须清楚什么是理想的(或至少是适当的)表现。例如,考虑以下情况:在举重的时候稍微弯曲膝盖,提示客人依据菜谱来点菜,将自己的专业经验与一个空缺职位的要求相匹配,或平衡收支。除非你知道自己的目标是什么,否则反馈就是无意义的。这对运动员、厨师、求职者和从事日常事务的人都是如此,对需要成功标准来评估自身表现的学生也是如此。有时候,教师会将这些嵌入量规,或提供范例。你可以回顾一下表 2.1,它就学生对优质问题的回应确定了标准。

第四章 鼓励运用反馈

> **优质提问促思考:**
> 当你还是学生时,你从教师那里得到了什么类型的反馈?
> 你第一次以学习者的身份经历形成性反馈是什么时候?

在任何学习中,反馈对于那些正在发展新技能的人来说,都是尤其重要的。想想你是新手司机时需要的反馈。你需要不断地查看你在路上的位置,注意方向盘操作,看看后视镜,估计两车之间的距离,或加油门或踩刹车。经验丰富的司机是用不着操心这些事情的。同样,回想一下你第一年的教学!你不断地想要得到反馈:我能做些什么来吸引学生的注意力?什么策略能更好地帮助他们学习批判性阅读?"我做得怎样?"你心里总是想着这样的问题。即使是经验丰富的老师,面临新事物——一门新课程,新的教学策略,或者学生的组成发生了变化——对自己的表现也会不确定,需要更多的反馈来帮助发展技能和信心。

学生也是一样。当他们学习新事物时,作为学习者,他们面对的是不确定或失败,他们需要反馈来优化自己的表现。随着他们变得越来越熟练——在学习过程中,在某一特定的学习单元或某一特定的行为中——学生变得更加自信,更能够评估自己的表现,并调整自己的想法或行为来做出改进。

> 良好的反馈会引发思考。
> ——斯蒂金斯等人(Stiggins et al.,2006,p.279)

有效形成性反馈的特征

在以上讨论中,我们一直想达成有关形成性反馈的**内容**和**原因**的共同理解。接下来我们想进一步强调：(1)基于确定的学习差距来做出反馈；(2)将缩小差距的策略纳入反馈。但是，如何制定实际的反馈语句呢？表4.1提供了有效和无效的形成性反馈的六个特征，这是一个有用的跳板，可用以思考如何构建反馈语句来促进学生的思考和学习。

虽然这些特征可以应用于任何类型的反馈，不管是书面反馈还是口头反馈，但我们感兴趣的主要是：如何根据学生对教师提出的课堂问题所做出的回答改进口头反馈。表4.1中的信息可以帮助教师在教学过程中对现场进行反馈。

表4.1 有效和无效的形成性反馈的特征

有效的反馈	无效的反馈
描述学生与学习目标之间的关系；给出具体的和描述性的例子	是评价性的，且可能模糊和笼统
联系以前与学生沟通过的标准，或者与学生一起确定的标准	基于教师的判断；没有依据具体的标准
学生主动积极参与	由教师指导和控制
以一种有益、积极的语调，谨慎地使用语词	可能被误解或被视为批评
包括改进建议	没有提出改进建议
及时	不及时，于事无补

描述学习与学习目标之间的关系；给出具体的和描述性的例子。形成性反馈回答了**学生与学习目标之间的关系**的问题。这是一个帮助学生确定她在哪里与她希望在哪里的问题。有效的反馈不是评价性的；也就是说，形成性反馈不仅仅要传达回答是否正确的信息。相反，它是描述性的，这

意味着它要具体涉及学生回答中的一些情况。**教师的反馈还要提供有关学生回答是否符合既定标准的信息**。笼统的评论,如"想法不错!"或"答案不够完整",学生太习以为常,不能帮助学生知道自己回答的哪部分是可以接受的,或自己需要做出什么改进。具体说明或者具体分析则可以帮助教师和学生更多地了解学生在学习目标方面的进展情况。例如,如果教师说"请告诉我你如何验证来自互联网的信息的可靠性",这样教师和学生就都可以了解学生在识别有效来源方面的技能。

在一项对三年级课堂的研究中,大多数积极的教师反馈都是模糊的,缺乏具体的例子。"你真棒!"这是最常见的教师对学生的反馈。六年级的数学课上也有着同样的趋势。这种类型的回应并不构成有效的反馈。此外,研究人员还发现,当教师对学生的正确行为进行具体的反馈时,学生的自我效能感提高了(Huebner, 2009, p.91)。

联系以前与学生沟通过的标准,或者与学生一起确定的标准。理解反馈重要性的教师将帮助学生把学习目标转化为学生友好型话语。通过对学习目标的了解,学生理解了自己的回应将依据怎样的标准被评估;这些信息会对学生的学业成就产生积极影响(Marzano, 2007, p.104)。

如果我们想要通过反馈来提高学生的表现,那么将问题和结果反馈与学习目标相结合的做法是至关重要的。不幸的是,由于缺乏明确的学习目标,这种做法在学校里并不常见。例如,如果一位教师将问题和反馈集中在离散的事实或知识点上,学生可能会依样复述事实,但无法在不同的事实之间建立联系。因此,真正学习的机会就会丧失。**预期的学习目标是什么?为了达到这个目标,需要怎样的思考或认知过程?** 如果学生的思考或分析能力从未得到反馈,那他们在这方面就不太可能有所改进。

学生主动积极参与。优质提问——无论是在课堂复习还是讨论中使

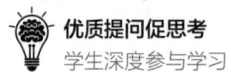

用——都会促进学生深入思考。提问也可以与学生的书面作业一起使用。问题是提示学生反思和思考书面作品的理想方式。例如，如果一名学生已经制作了一个饼状图来表示一个社会研究问题的答案，那么教师可能会通过提问来帮助学生思考替代方法："你还可以如何展示数据？"一旦学生回答或想出了一个替代图解，教师可能会继续："哪一个能更好地解释数据？哪个更容易理解，为什么？"最强有力的问题能让学生进行自我评估。例如，当教师要求学生重新思考问题或反思答案时，教师就是在鼓励学生进行自我评估和自我纠正。我们应该鼓励这种有学生参与的评估和反馈。

以一种有益、积极的语调，谨慎地使用语词。教师要知道语词的价值，要尊重学生，不要轻视或讥讽学生，即使以开玩笑的方式。学生如何解释反馈决定了反馈是否会对学生成绩产生积极的影响。当反馈令人沮丧时，学生成绩会下降（Marzano, 2007, pp.104—105）。要监控学生的非言语行为，以确定他们理解并正在处理你的反馈。教师不要做虚假赞美的事情；大多数时候，学生知道什么时候教师的赞美是真实的。

包括改进建议。为了加强学生表现，反馈需要认同学生做得好的方面，并为学生如何改进提供一些零散的建议。"在课堂上，为学生提供关于其学习特质的信息，以及**他们可以如何改进**的建议，对于增强学习效能至关重要"（Pellegrino, Chudowsky, & Glaser, 2001, p.8；着重部分由作者标明）。哈蒂（Hattie, 2009）描述了克鲁格和德尼西（Kluger & DeNisi）针对反馈的数据分析结果。他们发现"当提供正确而不是错误的回应信息时，反馈更有效"（p.175）。我们对这一发现的看法是，当基于学生所知和能够做的事时，我们能更有效地提出建议，使学生能够将改进建议与现有技能或知识联系起来。如果我们提供的建议对于学生来说似乎是陌生的，是难以理解的，反馈可能会被搁置在一旁。

及时。有一种普遍的共识：如果反馈是有用的，那它必须是及时的；

也就是说，学生对问题或难题做出回应后，反馈应该尽可能及时地传达给学生——但要在三到五秒的等待时间之后！这是课堂提问如果有效运用会成为一种强有力的形成性评估的原因之一：学生的回应可以立即得到反馈。

> **优质提问促思考：**
>
> 　　问问学生在做什么，为什么。他们理解你正在试图帮助他们达成哪些学习目标吗？他们有学习目标吗？如果他们能够阐明学习目标，提醒他们这是最终的结果，并且你的反馈将被用来帮助他们实现这些目标。如果他们没有学习目标，请与他们谈谈你将如何协助他们进一步去熟悉学习目标。

表扬如何用于反馈？

表扬，长期以来被认为是对学生表现的正强化，却不太符合有效反馈的标准。在 K-12 课堂中，表扬是一种被过度使用的策略，它在很大程度上是无效的，因为教师使用的表扬（例如，"干得好！""我喜欢这个""很好！""你很聪明！"）是评价性的，而不是描述性的。这样的一般性陈述没有告诉学生他的表现是积极的还是低于标准的，也没有传达关于如何改进的信息。

此外，研究还发现，表扬实际上可能会减弱学生对艰巨任务的动力和坚持。德维克（Dweck，2006）说道："表扬学生聪明只给了他们短暂的骄傲，随之而来的是一连串的负面后果。"（p.36）她发现，表扬学生努力有助于增强学生的效能感。尽管不符合表 4.1 中有效反馈的所有标准，但表扬学生努力（将学生所做的努力与结果联系起来）在激发动力方面比表扬学生

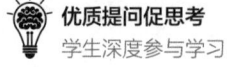
优质提问促思考
学生深度参与学习

智力高有效。

哈蒂(2009)指出反馈可以引向四个方面:(1)任务;(2)学习过程;(3)学习的自我调节;(4)自我(pp.177—178)。最后一个方面与学生的个人特征有关——通常是学生受到表扬的地方。然而,表扬与学生所参与的具体任务或学习过程关联较少。在畅销书《驱动力》(*Drive*)中,作者丹尼尔·平克(Daniel Pink,2009)声称,一种叫"胡萝卜加大棒"的方法(外在动机)不利于内在动机的建立。他引用了一项实验,其中,那些因为画画而被奖励的学生(他们表明自己喜欢画画),实际上在获得承诺的奖励后很少再画画。平克认为,奖励似乎会减少活动中的喜悦(和自主);当我们期待并得到切实的奖励时,任务似乎变得不太充实或有趣了。他指出:"为解决问题而努力的学生通常会选择更容易的问题,因而学习得更少。"(p.58)这个发现带给提问的是,金星奖章、MM豆、"干得漂亮!"等应谨慎使用。

根据问题的认知水平调整反馈

反馈的适当性取决于所提问题的复杂性和认知水平。如前所述,评估学生的答案来确定学习差距和随后提供反馈,这是一个复杂的认知任务。事实上,这是我们认为优质提问最具挑战性的方面。我们大多数人都能很熟练地评估学生回答内容的正确性。因此,我们能够快速、相对容易地对记忆层面的问题提供反馈;我们也能够识别更高水平问题中的知识差距。真正的考验是提供针对学生回应的认知过程维度的现场反馈。这是一个更高水平的教师技能,需要准备和练习。

如表 4.2 所示,当学生被要求回答简单回忆事实的基本记忆水平的问题时,教师会对回答是否正确进行评估。在理解和应用层面上,适当的反馈是间接的;它要求学生解释自己的思考,以及他们是如何得到答案的。

在最高的认知水平(分析、评估和创造)上,教师应提供有关知识维度的反馈,但重点在于学生思维。在这些层面上,可能有很多答案,所以教师不能只追求一个正确答案。不过,如果思考导致学生得出错误答案,教师应该引导学生得出正确答案。

对记忆水平问题的反馈。 研究人员持续发现,在课堂上提出的问题中,有60%到80%的问题是布卢姆认知目标新分类的最低水平:记忆(Barnette, Walsh, Orletsky, & Sattes, 1995; Gall, 1984)。对于回忆或记忆水平的问题,对正确答案的反馈可以很简单:"是的,72是9乘8的积。"不过,教师不要立即给予肯定的回应,而应做出反馈,问:"还有谁也是这个答案?如果你是,就给我一个竖起的大拇指。告诉我为什么你认为这个答案是正确的(或错误的)。"这样,其他学生就有责任评估同伴的回答,同时进行自我评估了。

表4.2 与问题认知水平相关的反馈类型

问题的认知水平	反馈类型
记忆	让学生知道答案是否正确。提供提示和线索来引导学生得出正确答案。
理解、应用	请学生详细说明、解释答案,或补充回答:"你能举一个例子吗?"或"请进一步补充说明。"让学生知道他们的答案是否确实是正确的。
分析、评估、创造	对学生的思考提供反馈。如"让我知道你是如何得到这个答案的"或"告诉我你选择这个回答的背后原因是什么"。让学生知道他们的答案是否确实是正确的。

当学生的答案不正确时,在给出纠正反馈(正确答案)之前,请学生解释自己的思考。你可以说:"告诉我为什么你认为这是答案,或者,请补充说明你是如何得到这个答案的。"有时候给出简单的负面反馈也是合适的:"不,这是不正确的。"或者,教师可以问问同学们是否有相同(拇指向上)

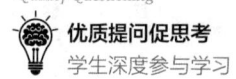

或不同的(拇指向下)答案,然后问:"为什么你认为自己的答案是正确的?"并邀请其他学生思考答案且评估其正确性。

当学生回答记忆水平问题出现差错时,可以考虑另一种策略,即提出一些针对正确答案的引导性问题。"如果我问你得克萨斯州最大城市的名字,答案就是休斯敦。但我问你得克萨斯州首府的名字,你能想到答案可能是什么吗?"如果学生无法回答,教师可以选择提供线索,帮助学生找到答案。例如,"这是一座以一名士兵的名字命名的城市,他领导了收复阿拉莫的战争。它位于州中心,是得克萨斯大学所在地。首字母是 A。"

当学生的回答错误时,任何情况下都不要讽刺或批评。也不要做出挽回学生面子的回应,比如"你尽力了!"或"让我们看看玛丽是否能帮你"。就像表扬一个简单的正确事实一样,这个回应有点不真诚。学生需要知道答案是否正确,不需要从尴尬中被救出来。我们希望学生能够接受一个课堂规范,那就是所有答案都应得到重视,而不仅仅是正确答案。

> **优质提问促思考:**
> 在大多数课堂里,当学生给出错误的答案时,教师会提供正确的答案。为什么重要的是给予提示,让学生自己回答问题,而不是替学生回答问题呢?

对高于记忆水平的表现做出反馈。 当学生回答高于布卢姆认知目标新分类(Anderson & Krathwohl, 2001)的记忆水平的问题时,需要一种不同形式的反馈。即使面对复杂的问题或任务,我们中的许多人还是依赖于轻车熟路的做法:"干得漂亮!"或者其他一些没有意义的反馈。我们需要的是努力提供反馈,让学生知道自己与目标的关系,以及如何继续取得进步。

在第三章中，我们提出了多种策略来支持学生思考。建议你回顾第三章的相关内容，更深入地反思如何提高你的能力，为更高水平的问题提供反馈。

表 4.2 区分了教师在理解或应用水平以及在分析、评估或创造水平针对学生回答的反馈类型。对这五种水平做出反馈有一个经验法则：确保反馈集中在知识和认知过程方面。很多时候，如果学生的回答包含了正确的知识，我们都接受了——即使学生回答中的思考或认知过程没有达到预期的水平。在这种情况下，适当的做法应该是强化正确的内容，然后通过支架或其他方式帮助纠正学生思考。另一方面，我们有时候也会因为被一名学生的思考带跑，未能提供哪些地方错了的反馈而感到愧疚。我们应该坚守这样的底线：在听取学生的回答时，需要同时关注知识维和认知过程维，予以分析，并确定是否存在学习差距。

> **优质提问促思考：**
>
> 教师往往会在一节课中提出 50 多个问题。如此快速的提问几乎没有给深思的回答留出空间。作为教师，我们究竟如何与学生交流，如何对他们的思考内容和方式产生兴趣？你可以使用哪些策略来提出较少的问题——尽管问题可以让你和学生更好地了解学习进度？你如何让学生参与这项工作？

如何利用技术来服务反馈？

技术可以以多种方式及时向学生提供反馈。例如教师和同伴可以使用微软 Word 中的跟踪更改功能，对书面作业进行评论。学生还可以使用计算机软件工具直接进行语法、拼写和可读性方面的反馈。许多电脑学习程序提供的及时的、定制的反馈，可以帮助所有年龄和能力水平的学生进行积极和有趣的学习。Math Playground, ExploreLearning 和 BrainPOP 等电脑游戏适用于各种学习者和内容领域（Pitler, Hubbell, Kuhn, & Malenoski, 2007, pp.51—52）。不过，教师必须确保这样的游戏对学生来说具有适宜的挑战性——不会太容易，也不会太难。他们还需要确定所选游戏和其他技术应用程序提供的反馈符合之前描述的有效反馈的六个标准。

另一种给小组及时反馈的方法是使用学生应答系统，每个学生都可以用一个点击器来回答教师的问题。当教师提出问题并提供多个选项时，学生可以在系统中选择答案。结果可以以图示的方式显示，就像电视游戏《谁想成为百万富翁？》（Who Wants to Be a Millionaire?）那样。如果问题只有一个正确答案，教师可以提出后续问题，以倾听学生对其选择的思考："我想问问那些选择答案 A 的人。我想听你解释为什么你觉得 A 是正确的。"如果有多个正确答案，教师可以要求学生为自己或他人的回答辩护。

像附录 B 中建议的许多低技术水平的工具一样，例如 Survey Monkey, Web Surveyor 或 Pollcat 等基于网络的数据收集工具，可让教师向所有学生或小组提出问题，以评估学生所知道的内容。博客和维基也可用于向学生提供反馈——来自教师和其他学生。其他基于网络的工具可用于帮助教师（和学生）开发课程。其中如 RubiStar 和 Rubrics 就是两个网络课程。网站，例如 TeAchnology 等教育网络门户网站还包含由教师设计的量规。

帮助学生运用反馈来进行学习

在充满信任和尊重、鼓励学生参与冒险的课堂中，学生会更倾向于接受和运用反馈。在这样的课堂中，学生和教师都相信错误并不是坏事，实际上，错误可以带来宝贵的经验教训——这一观点将在第六章中进一步讨论。

第四章 鼓励运用反馈

规范：将错误作为一次学习机会。这是一个无风险的课堂。

在学生习惯于接受和运用教师反馈的课堂中，学生认识到提问出于以下一些原因：帮助教师了解学生的思考内容和方式，帮助学生知道自己的思考内容和方式，以及帮助其他学生了解不同的思考方式。教师需要努力帮助学生理解这个概念，因为这与大多数学校的经验不同。可在教室张贴规范以鼓励学生说出自己的思考，如以下规范：

规范：分享你的想法，让别人可以向你学习。

形成性反馈要求教师和学生都明白，学生学习是一个发生在每名学生身上的过程——而不只是一系列正确的答案。真正的学习过程会使学生朝向一个明确的、可实现的目标前进，学生能通过可理解的标准来评估自己的进展。在学习过程中，学生、同伴和教师都可以提供有用的反馈。这种反馈可以作为 GPS，让学生知道自己在掌握方面的进展。优质提问的使用可以帮助学生更深入地思考课程的内容以及学习过程本身。然而，哈蒂（2009）认为，"尽管最好的教师声称他们在不断地提供反馈，但反馈在课堂上并不常见"（p.173）。

运用反馈指导教学

如果教师确保了学生能获得形成性反馈，那么学生就是教师反馈的主要来源。学生的反馈来自他们对教师问题的答案，以及他们所展示的学习差距的性质和程度。学生的反馈也来自学生提出的问题，特别是澄清性或

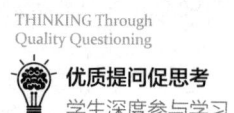

指导性问题。当教师从学生那里寻求并加工这些反馈时，他们会尊重学生的声音，并向学生传达他们是教学过程中的伙伴的信息。

丹尼尔·平克(2009)断言,为了掌握,必须"寻求持续的、关键的反馈。如果你不知道自己在做什么,你就不知道如何改进"(p.159)。高效的教师,就像任何行业的大师一样,总是在寻求反馈以改进。学生学习成果和学生对课堂问题的回答为教师提供了丰富的反馈资源,使他们能帮助学生实现学习目标。在课堂上发生的一切都为教师提供了反馈的可能性：学生在讨论中做出的贡献,学生问题,小组成果,等等。难点在于如何选择数据,以产生对教师而言最有用的信息。

想象一下,教师希望学生学习用符号来表示数字关系,并了解初级代数的关系。以下文字问题可以作为一个起点：

哪个方程代表了下面的陈述？

今天课堂里的学生人数是教师的六倍。

设 s = 学生人数；t = 教师人数

A. 6s = t

B. 6t = s

C. st = 6

授权转引。转载自 Uncovering Student Thinking in Mathematics: 25 Formative Assessment Probes by Cheryl M. Rose, Leslie Minton, and Carolyn Arline.Thousand Oaks, CA: Corwin, 2007.

这样的问题可以告知教师——在单元的开始、中间或结尾——理解了如何使用符号来表示数字关系的学生的人数。教师可能会使用点击器或白板,从整体上把握课堂。如果许多学生选择了正确答案,教师可能会要求他们与搭档分享自己选择的答案,以及选择该答案的原因。

同样,一位希望帮助学生理解小数位值的教师可能会提出一个有关范围的问题,例如:0.1 和 0.2 之间有多少个小数?(Leahy et al., 2005)。如果大多数学生回答无,教师就知道这是一个必须提供直接教学,使用操作、指导和独立练习等方法的问题。如果有些学生认为答案是一到两个,那么学生就开始理解了,可能需要少量直接教学和练习。如果大多数学生表示 0.1 和 0.2 之间的小数有无限个,教师就知道学生的理解已经几乎很完整了。

赫里蒂奇(2010)表明,教师从形成性评估中获得的信息,包括问题,"能帮助他们为改善学生学习而调整教学"(p.57)。优质提问是确定日常课堂是否相互联系的理想方式,能让学生在学习和掌握某一内容领域的知识时稳步前进。如果学生对问题的回答表明绝大多数学生都没有为第二天计划的课程做好准备,对形成性问题的回答不正确或不完整,那么,教师需要按学生的情况重新教学。另一方面,如果学生对教师问题的回答没有显示出学习差距,建议教师加快学习进度。

形成性评估和反馈可以帮助学生了解自己的进度;同样重要的是,它们可以帮助教师了解如何进行教学,因为在评估学生理解和学习内容的过程中,教师能了解到自己的教学情况,也可尝试以不同的方式获得更好的结果。教师经常抱怨的是"我**教**了;只是学生没有**学会**"。一个更准确的结论可能是"如果学生没有学会,那么就是我没有**教**"。

对教师的反馈——通

> 对一个明确的问题,当班上有一半的学生回答错误,或不符合某一特定的标准时,这不是一个学生的学习问题——这是一个教学问题。无论教师使用怎么样的策略,什么样的例子,或者提供的任何解释,它们都没有发挥应有的作用。
>
> ——古斯基(Guskey, 2007, p.20)

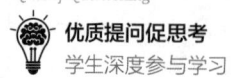

常由教师运用——在许多方面比对学生的反馈更为重要。当教师成为自己教学的学习者时——当他们进行反思、分析教学的有效性,并有意识地尝试不同的策略时——教学会更加可视化,并通过调整和调适得到改进(Hattie,2009,p.173)。也就是说,随着教师逐渐了解教学策略的有效性,他们不仅可以改变自己的教学策略,还可以提出学生要进行额外学习或需要尝试不同学习策略这些领域的建议。

 链接:发展学习者的能力

简单地说,提出问题的唯一要点就是提出教师需要信息的问题,或者学生需要思考的问题。

——保罗·布莱克,克里斯汀·哈里森,克莱尔·李,
贝唐·马歇尔和狄伦·威廉姆
(Paul Black, Christine Harrison, Clare Lee, Bethan Marshall,
& Dylan Wiliam, 2003, p.42)

在本章中,我们探讨了优质提问与形成性评估之间的动态关系。以形成性评估为目的而运用优质提问,教师还可以提高学生的元认知、参与度和自我效能感。

学生的元认知

还记得第一章中介绍的有关学生学习愿景的内容吗?

这些学生知道有意义的学习是一个长期的过程,他们平时会用不同的

方法管理自己从而获得进步。例如,他们会消化教师提供的形成性反馈,灵活地应用先前制定的标准或量规进行自我评估和自我监控,通过反思每天的收获得到新的理解。他们已经习惯不断地巩固自己的学习。他们还常常会在学完一个单元之后产生问题,并不断寻找问题的答案。这些学生向我们证明,学习应该是严谨的(思想上)、相关的(内容上)及联系的(已有的思想和新的思想之间,以及班集体的成员之间)。

这个愿景的阐述是基于认知科学研究的,它为思考和学习提供了重要的见解。国家研究委员会(National Research Council, 2001)的一项重要研究成果表明,"监控自己的理解"(p.78)的人比那些不进行自我监控的人更善于记忆他们所学的知识。根据委员会的总结,对元认知的研究表明,不断地监控自己的思考和理解的人实际上记得更多。

教师可以做很多事情来帮助学生学习进行监控和自我评估,并鼓励学生定期进行。例如,要求学生反思自己的学习,帮助他们学习如何思考所学**内容**和**方法**。附录 B 中的许多策略都要求学生以这种方式进行反思。教师可以确保学生不仅完成书面作业,而且至少与另外一名学生交流学习。合作小组和搭档为学生分享学习策略,向他人学习提供了机会。以下每个问题都与形成性评估和发展学生的元认知有关:

• **我期望学到或能做什么?** 形成性评估问题是教师最常提出的问题;然而,学生学习和思考的循环圈(图 1.2)表明,学生可以学习监控自己在学习目标上的进展。作为负责任的学习者,他们能够提出并回答这个问题:我期望学到或能做什么?这种能力对形成性评估至关重要。毕竟,如果人们不清楚目标是什么,就不可能对目标的进展进行充分的评估。

• **我现在对这个主题有什么想法和认知?是否准确?** 前测,一种特定类型的形成性评估,是学习的组成部分。要知道我们与目标的关系,就需要确定自己所知道的内容。"先前知道 — 想要知道 — 已经掌握（KWL）"，或其他这类常见策略可以帮助学生回答这个问题。

• **我如何对学习内容达成个人理解？** 为了让学生运用形成性反馈，学生需要将学习的最终目标转化为学习的近期目标或"我可以"语句，使学习目标具有意义。否则，学生只是走走学习的过场。了解教师期望他们进行自我评估能加强学生的责任感。同时，学生要了解教师问题背后的目的是了解自己在思考什么，而不是告诉自己应该思考什么。

• **我如何监控自己的学习与进步？** 当学生开始为自己的学习承担责任时，他们会进行反思和自我评估 —— 如果他们看到了教师示范的行为就更好了。随着学生开始明白他们确实可以监控自己的学习，他们就能更好地理解：（1）各种学习活动的目标；（2）成功是怎么样的；（3）他们有多接近成功；（4）他们可以做些什么来达成自己的目标。

• **我的反应能力已经发展到了什么程度？** 随着学生负责任地做出对问题的回答，评估自己的表现并运用反馈，他们作为学习者的个人责任感就得到了发展。

• **我学到了什么？我将如何继续深化学习？** 对学习结果负责的学生通常会理解并使用自我监控来思考如何拓展学习。当这些学生与小组或大组中的其他学生合作时，他们会通过讨论和对话来回答这些问题。

学生的参与度

除了形成性评估，我们可以确定没有其他策略能更好地改善学生与教师之间，以及学生与学生之间的关系。通过制定学习目标这一过程，学生更好地了解了单元学习的**内容**和**原因**。课堂活动不再仅仅是"她告诉我要做什么，所以我去做"。积极参与形成性评估的学生能够回答出我们习以为常的一个问题:"我们为什么要学习?"

由于教师将学生对问题的回答作为调整教学和向学生提供反馈的数据,所以课堂学习共同体的所有成员都认识到了明确正在学习的内容及学习的原因是很重要的,都相信只有通过评估才能确定学习差距,并将学习视为一个过程。运用形成性反馈的课堂中的成员会不断思考如何改进。学生和教师都愿意认同和尝试新的教学方式。

在这种课堂中,学生和教师建立了一种基于信任的关系。教师作为"法官"或"明白人"的心态并不是这种课堂文化的一部分。当教师参与形成性评估时,他们通常使用策略(如附录 B 中描述的那些)来吸引所有学生,而不是依靠传统的"启发—反应—评估(IRE)",由一名学生回答一个问题的模式。教师帮助学生学习如何评估自己的学习,这样可以进一步吸引学生参与学习。"为学生提供一个机会,来反思他们目前的表现,并制定个人改进目标,促进他们对正在进行的评估过程的参与和掌握"(Ainsworth & Viegut, 2006, p.60)。

学生的自我效能感

许多学困生在学校活动中毫无获胜的希望,他们的机会每年都在减少。他们坐在课堂的后排,让"聪明的孩子"回答教师的问题。他们通常不听教师的问题,不参与,他们似乎也不在意参与不参与。教师偶尔点名他们——有时他们会因猜测出正确的答案而惊讶。事情做对做错,他们都会感到惊讶。当一次回答是错误的,他们很少会有第二次机会。这些学生中的许多人认为自己不可能成功。他们不知道自己应该学习什么,也不知道为什么应该学习。

在大多数课堂中,教师都控制着评估,以成绩或最终测评的形式。那些表现不佳的学生认为这是他们的命运；很少质疑事物对他们有什么不同。形成性评估的过程改变了这种状态。如前所述，形成性评估提高了所有学生的学习能力，但它似乎对学困生，而不是成绩中上的学生，有更多的积极影响（Black & Wiliam, 1998b）。

当形成性评估在课堂上有了地位时，学生可以控制自己的学习：他们知道自己正在学习的内容及学习的原因；他们了解如何评估学习；他们越来越多地学习如何进行反思、监控和自我评估，使自己对学习过程拥有越来越多的所有权。学生"学会收集自己学习的证据，并利用这些信息从越来越多的成功策略中做出选择"（Moss & Brookhart, 2009, p.10）。学生开始明白，他们所做的事情直接关系到自己能否成功达成学习目标。在很多方面，这就是效能的定义：相信我的所作所为能决定我成功与否。自我效能感用不同于传统学习的结构和传统学校的方式赋权了学生。作为形成性评估的优质提问建立了学生学习的自我效能感。

第五章

培养反应能力

教师如何培养和提高学生的学习责任感?

焦点问题

1. 教师能以什么方式与学生合作,鼓励学生对自己的学习负责?
2. 哪些标准与策略会鼓励学生思考如何回答教师问题?
3. 协作学习和讨论是如何激发学生的学习动力,增强其学习责任感的?
4. 为什么鼓励学生自己提出问题很重要?学生提问与学生的参与度如何相关?与学生责任感呢?

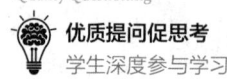

与人协作共事,会有许多收获。当我和伙伴一起学习的时候,我记住的东西更多了。此外,我也鼓励自己要多下功夫,扎实学本领,因为别人会请求我的帮助。当然,我也从队友那里获益不浅;每个人都会做出自己的贡献。

——九年级女生,温特伯勒高中,亚拉巴马州

托尼·瓦格纳(Tony Wagner, 2008)在《全球学业差距》(*The Global Achievement Gap*)一书中提出了一个令人震惊的事实,那就是与其他工业化国家的学生相比,美国学生处于劣势。他提出了"青少年七项生存技能",其中四项为:

· 批判性思维和问题解决
· 协作
· 有效的口头和书面沟通
· 好奇心

那些有思想的教师教会学生运用批判性思维、协作、沟通和好奇心(critical thinking, collaboration, communications, curiosity, 即4C)这四项技能,去迎接现实世界的挑战。有些组织和作者已认清了在当今新世界中生存和发展的必要技能。像21世纪技能联盟、经济合作与发展组织和霍华德·加德纳(Howard Gardner)等,都对这四项技能提出了许多建议。

这些21世纪的技能是教师需要培养学生发展的另一层次的技能和能力吗?这个问题引发了争论,值得认真思考。

从某种意义上说,上述技能不是附加的;相反,它们构成了学习的基

石。思考一下：在2011年这本书出版的时候，我们对学生的学习方式的了解会比现在所知道的多；在18个月左右的时间里，我们了解的信息可能会增加两倍，这都要感谢这个信息爆炸的时代。我们知道，在美国课堂中经常出现的失败的教学案例包括：坐在课堂里的学生被动地做（或假装做）教师告诉他们要做的事，很少或不了解为什么要这么做，或者做着与他们生活关联不大甚至没有关联的任务，与同伴隔绝，很少有互动或交谈。造成这个局面的原因是，很多教师并不了解学生怎么样才能学好，也无法利用一些信息。从这个角度来看，21世纪的技能不是附加的，而是教学的有机组成部分。

虽然，多年来一直提倡学校要传授这些技能，但事实并非如此。这个局面现在必须改变，因为对学生来说，要想不迷失方向和发挥社会职能，这些技能是必不可少的。在20世纪70年代末，教师在学校所传授的各种知识有相当长的"保质期"；而当今现实的情况则是许多知识很快就会过时。因此，我们不仅需要教授事实和概念，还需要让学生掌握学习技能——批判性思维和分析性思维，提出问题，制定假设并协作讨论。

所有年龄段的学生都需要知道如何对学习负责。也就是说，他们需要知道如何识别问题、在寻找解决方案时提出问题、分析来源的可靠性和准确性、评估并选择某一种解决方案，同时能够进行团队协作。这是现代职场的现实，这是当今学生需要用心去体验的本领。

在本书中，我们一直倡导的是教学内容和思维能力之间的两分法。学生通过学习和应用思维技能来掌握内容；没有思考，学生无法掌握内容——或者他们学到的内容仅够用来通过考试，过后就会遗忘。因为我们生活在一个信息丰富的世界中，教师不可能无所不知，所以学生需要运用这些技能在学校中学习，更重要的是，在学校之外学习。"培养终身学习者"，一个根植于许多学校使命中的愿景，现在必须成为每个课堂的现实。

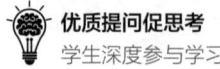

优质提问促思考:
你对思考与学习的关系有什么看法?请用四五句话阐明通过思考促进学生学习的理论主张。

本章开头提到的四项技能并不包罗万象,但它们是一个好的开始,可以帮助我们思考:学生今后进行继续学习,究竟需要哪些能力才能如愿以偿。这些技能与在21世纪的职场上获得成功有着内在联系,可以用于解决那些未来可能会出现的问题。成功人士一直在思考,并且与团队一起思考某个计划或政策可能产生的影响,以及如何解决那些潜在的问题。他们的成功取决于他们与人广泛交往、与同事和客户沟通的能力以及认真倾听客户需求的能力。

批判性思维、协作、沟通和好奇心是在学校学习、在职场取得成功以及参与民主管理所需的基本技能。这最后一个作用是不容忽视的。我们大多数学生已经或将要成为选民,是民主决策的参与者,他们现在比以往任何时候都更需要综合和分析不同来源的信息的能力,为共同利益而共同努力,共同探索国家和世界面临的许多复杂问题。公民需要能够与他人讨论问题,尊重不同的观点,并清楚地阐明自己的立场。如图5.1的维恩图所示,基本技能可应用于生活中的三个领域,即学校、工作和公民权,其中有部分是重叠的。

第五章 培养反应能力

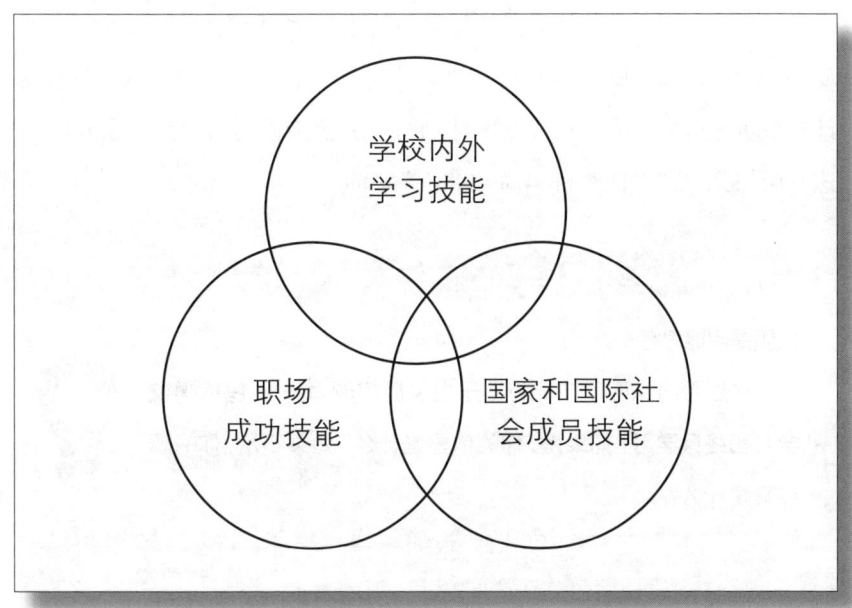

图 5.1 学习技能和生活技能的关系

这一讨论提示我们要考虑"优质提问促思考"的结构问题：学生如何发展自己的学习能力？怎样的结构和过程能鼓励学生主动学习，而不是被动接受？

在我们撰写第一本关于优质提问书籍后的几年里，我们发现自己对学生参与有了更广泛的认识。尽管公平地回答问题很重要，但主动参与并不限于此。主动参与有着更广泛的含义。培养学生的反应能力有助于培养学生明确表达立场、倾听他人观点、评估他人观点、向他人学习的能力。它与学生参与学习和承担责任的过程有关：(1)关注和理解教师或其他同学的问题；(2)考虑自己对这个话题的了解程度，同时能够就该话题形成自己的想法；(3)将自己的想法清晰地传达给他人，当有机会时，及时补充自己的想法；(4)愿意听取其他不同观点，通过听取别人对同一话题的观点

131

来学习更多知识。反应能力是指做学习的主人；积极主动学习，而不是被动、消极地接受信息；与同伴合作探究并提出问题。在本章中，我们在探讨计划与培养这些技能和心智习惯时，将使用"**反应能力（responseability）**"这一词，而不是"责任感（responsibility）"一词。

> **优质提问促思考：**
> 　　你是否同意四项技能有助于发展反应能力——包括学校学习和终身学习？如果是，你的依据是什么？如果不是，你的观点又是什么？

第一章中介绍了学生学习和思考的循环圈（图 1.2），如果学生对学习没有责任感，那么这个循环圈就难以为继。在本章中，我们将考虑用以下四种方法来培养学生的反应能力：

・培养学生的责任感
・培养学生优质提问的能力
・为学生提供合作学习的机会
・教授合作讨论的技能

培养学生的责任感

在《优质提问教学法——让每个学生都参与学习》（*Quality Questioning: Research-Based Practice to Engage Every Learner*，Walsh & Sattes，2005）一

书中，我们详细讨论了为什么以及如何让所有学生参与回应。我们建议教师使用不同的回应模式，为学生提供平等的机会来做出回应（以及进行后续学习）。我们建议教师使用各种策略来回答学生提问（不要一次喊一名学生），以改变那些好学生经常在教师那获益的传统格局。在文献中，这些"目标"学生出现的次数比非目标学生多出三到四倍（Jones, 1990; Sadker & Sadker, 1985）。

不同回应模式的使用开始改变传统的教学模式。在传统的教学模式中，一个学生可以回答各种问题，看起来学生似乎能够很充分地参与教学，但实际上还是教师控制着整个教学过程。使用新的教学模式，教师会发现更多的学生参与进来了，并且学生看起来对课堂互动更感兴趣了。不过，这并不会自动将学生转化成对自己的思考和学习负责的人，教师必须有意识地让学生拥有学习的自主权。

给学生一个参与的理由

每年有高达 30% 的高中生辍学。这些人中许多都是考试及格、有能力继续深造，而且掌握了一定技能的，但他们不愿意留在学校或毕业。换句话说，学习无聊是高中生辍学的主要原因（Wagner, 2008, p.xxv）。尽管很多研究和文献对学生参与课堂教学的意义和重要性进行了论述，但研究人员发现，在当今的教学中，小学生在座位上听老师讲课的时间超过了 90%（Wagner, p.68）。老师讲课，无疑会提出问题。但是，正如我们上面所提到的，许多老师只要求一名学生回答各种问题。通常，这些学生都是愿意举手回答问题的人，他们急切地举手或挥舞着手臂，看着老师的眼睛，暗示老师他们已经做好准备并愿意回答。

课堂中应用的"启动 — 反应 — 评估（IRE）"教学模式，同棒球比赛相类似。即，教师提出问题，评估答案（当裁判），抓住错过的球，并通过扮演其他所有位置的人——一垒、二垒和三垒，外场与游击手——来表述答案。学生在这期间做什么呢？他们只是坐着，等待着击球，一次一个地走到击球手的位置，拿着棒子击球一次（有时成功，有时失败），然后回到长凳上，在那里等着被召唤——一次一个——再一次爬上本垒板。他们只能击球一次，而不是三次，所以他们击球的时间就几秒钟。难怪学生都很无聊！而且，正如我们想说的，怪不得老师们在一天结束时都累了！

那么，教师如何打破这种模式呢？如何制订一个成功的行动计划，让学生参与思考和回答问题？"优质提问促思考"的框架表明，教师可以通过在实践中融入与优质提问关联的部分，指导学生取得更大的成功，正如本书提到的：

·对学生来说，问题是有趣的；内容必须与学生的兴趣、先前的知识和经验有关（第二章）。

·至少有一些问题是能激发学生思考的，也就是说，高于布卢姆认知目标新分类（Anderson & Krathwohl, 2001）的"记忆"和"理解"水平，且不止一个答案（第二章）。

·问题必须值得深思，提出问题和回答问题的两方都有思考时间（第三章）。

·学生要明白自己的答案可能会受到其他学生或教师的质疑；他们要知道光有答案是不够的，必须准备好相关的例子或说明自己是如何得出这一答案的（第三章）。

·学生学习如何反思和提出问题，评估自己在学习目标上的进展（第四章）。

·教师要明确地向学生表达期望，要求所有学生都能积极地思考答案

（第五章）。

· 尊重学生的想法是课堂的基本规范；教师和学生都要倾听和提问，以便充分理解他人的回应（第二、三、四、五、六章）。

使用能让学生真正形成和检测回应的策略

几乎每个与我们合作的团队中，都会有教师评论说："我有一个学生不愿意在课堂上发言。我不喜欢强迫她发言，因为这样会让她很不舒服。我该怎么做？"许多教师都会面临这个挑战：那些害羞或胆小的学生非常不愿意教师叫他回答问题。有人呼吁不要向这类学生提问。但是，教师不是要培养学生的沟通能力吗？难道教师在帮助每一个学生学会清楚和公开地表达自己的想法上可以甩手不管吗？

有时候，教师可以提供机会，让沉默寡言的学生说说自己的想法，让他们与搭档一起回答问题，将自己的想法告诉搭档。有个策略叫"思考—配对—分享"，即教师提出一个问题，允许每个学生有时间：(1)给出自己的想法；(2)与搭档讨论自己的答案；(3)与大家分享答案。对于许多学生来说，与一个人交谈的恐惧感要比与全班交流小。"发表意见（Say Something）"，这是一种常用的阅读理解策略。具体做法是学生先阅读一篇短文，然后向搭档说说短文的内容，再听取搭档的介绍。另一种阅读理解策略是"见解—问题配对（IQ Pairs）"。具体做法是要求学生在深入理解一篇文章后确定一个问题，然后与搭档分享和讨论。还有一种阅读策略是"访谈设计（Interview Design）"，这是一种更复杂的策略。具体做法是要求四名学生每人提出一个准备好的问题，然后与小组中提出同样问题的人交流，开展讨论并总结。所有这些策略有一个共同点，那就是都构建了一个无威胁性的环境，其中的学习者只对一个人说话，回答问题。

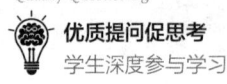

> **优质提问促思考：**
> 让每个学生通过与至少一名同学交谈来回答问题，这种策略的好处是什么？

这些策略（具体描述见附录 A）为学生提供了思考和交谈的机会。交流能激活思维：当学生交换想法时，课堂的活力通常会增加，因为学生都在充分地展现和参与。最近，我们看到一个教三年级的老师的提问："什么是评论家？电影评论家？美食评论家？"课堂上只有一两名学生举手回答；老师问其中一名学生："你们小组是不是可以讨论一下：什么是评论家？"当学生讨论时，他们明显地变得更投入思考了；讨论小组成员很认真地思考问题，交流想法，经过讨论达成了一致意见。只要花几分钟时间，就能从两个学生能够或愿意回答发展到全班的每个人都能回答。此时，班级所有成员都准备好了听一个学生回答老师的问题，并衡量自己的答案是否正确。

有些教师不喜欢使用协作回应策略，但是，让学生有时间思考自己的想法，并把新的学习内容与他们已经掌握的知识联系起来，是很重要的。因为学习是一种社会交往活动，可以这么说，当学生发言时，他们正在学得更多。俗话说得好：会说话的人会学习。在课堂上，教师有做学问的优势！教师要利用协作回应策略或类似策略，让学生有机会处理正在分享的信息，相互讨论，并听取其他学生的意见来完善自己的想法。与此同时，学生还能发展四项技能：批判性思维、协作、沟通和好奇心。

对于有兴趣评估学生理解的教师来说，前面提到的回应策略为教师提供了几个优势。首先，这些策略允许每个学生给出答案。通过随机选择学生在全班发言，教师能听取学生的代表性想法，对是否应该继续，还是需要澄清误解，或对某个主题进行进一步指导等做出判断。当然，与一次提问一个学生的方法相比，以上这些策略是比较高效的，因为每个学生都在试图回答每个问题。不过，这样做教师不可能听到每个学生的答案，可即使是一次提问一个学生，教师也同样不可能听到每个学生的回答。

这并不是说在学校教育中就不需要教师讲解了，相反，教师讲解通常是处理教学内容的最佳方法。例如，杰姬的儿子在一所大学里教书，有时一节经济学导论课会有 200 多名听课学生。在这种情况下，课堂讲解就是常态做法了。不过，他的做法是每 15 到 20 分钟停下来提出一个问题，让学生与搭档用刚刚讲解的信息一起思考。杰姬的儿子像他的母亲一样，也是一名天生的教师；他发现这样做有助于促进学生参与和提高学生兴趣。更重要的是，这样做能培养学生的反应能力，使他们有机会获得新知识。

培养学生优质提问的能力

好奇心不会杀死猫——把学生培养成提问者，这不仅仅是教师在课堂里的工作。在上一本书中，我们鼓励教师帮助学生学习如何提出好的问题，因为这是学生参与和思考的标志。当时，我们关注的重点主要是与内容相关的学生学习成果。现在，我们依然认为这是重要的。但是，我们也知道，在这复杂、瞬息万变的世界中，提问能力在生活中越来越重要。瓦格纳（2008）曾就员工招聘为主题采访多位首席执行官，"提问能力"似乎是一个绕不过去的话题。瓦格纳甚至说"提出问题比解决问题更重要"（p.214）。

好奇心是当今世界人们所需的重要技能之一；当教师理解了这一点，他们就会重视那些喜欢怀疑、推测、假设和想象的学生了。当学生提出真正的问题时，从不知道而又想知道的角度来看，他们正在深入思考这个问题。一直以来,提出问题都被认为是一种高度的参与;当学生有兴趣或他们想学的比老师建议或提供的要更多时,他们就会提出问题。

大体来说,学生参与有三个层次(见图5.2)。最低层次是"服从"。在这个层次上,学生正在做老师要求或引导的事情。这就是有些课堂中所定义的"参与"——学生从事老师分配给他们的工作。事实上,这是参与的第一步,它的排名远远高于午睡、发短信或读一本无关的书,但它并不能展现学生对学习的责任感。

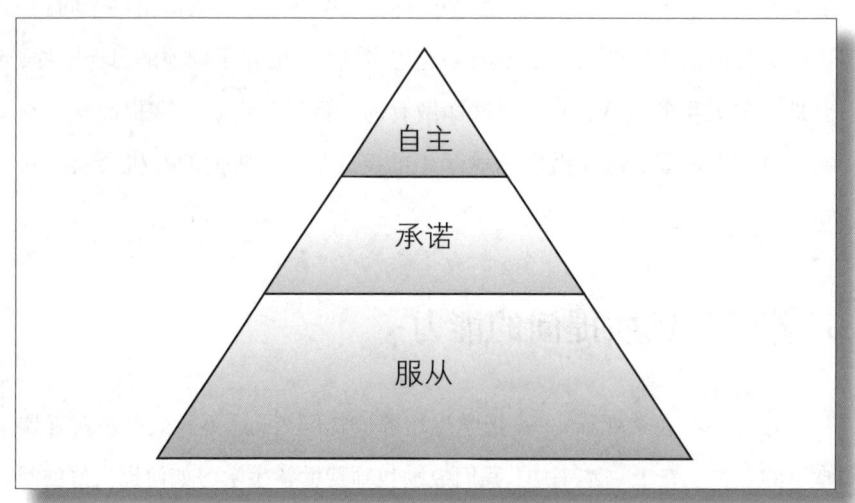

图5.2 学生参与层次

中间层次是"承诺"。在这个层次上,学生对话题产生了兴趣,心理上的光亮可能正在出现,因为学生对正在钻研的内容有了领悟或见解。他们看到了内容和自己生活之间的联系,看到了学习的针对性。在这个层次上,学生可以用自己的话来解释自己正在做什么以及为什么这样做。他们可能会通过有助于团队更好理解的活动或资源,寻找增加学习经验的途径。

学生参与的最高层次是"自主"。在这个层次上,学生想着能与他人共同交流学习所得。当他们离开课堂时,他们还会心心念念一些问题。他们可能会与朋友,在另一个班级或在餐桌上提出话题。他们可能会使用互联网搜索引擎,加入维基或博客,自己设法查找。在这一参与层次的学生能够自主学习。这是我们目睹学生提出问题,深入细致地开展学习的地方。

那么,教师如何帮助学生发展提问能力呢?教师可以在课堂上提问时,通过帮助学生了解提问和学习之间的联系,通过示范真正的提问,通过向学生明确教授提出优质问题的技能等。

优质提问促思考:
你如何看待学生参与层次?你会将你所在学校或班级的大多数学生放在哪个层次?你所在的学校或班级的学生有多少人在参与的最高层次中?

为提问腾出时间

你还记得第三章中玛丽·巴德·罗(1986)的困惑吗?她很少听到学生在科学课上提问。她发现有一些课堂似乎是例外,她研究了这些课堂与大多数课堂的区别,发现在这些课堂里,教师会沉默片刻,给学生思考的时间。看来,在课堂上帮助学生思考并提问方面,沉默确实是金。

除了给学生回答的时间,教师还可以给学生沉默时间以提出问题。对大多数教育工作者来说,学生提问历来不在传统的教案之中。狄龙(J.T.Dillon,1988)指出,在传统课堂的提问环节,学生认为他们的角色是问题的"回答者";事实上,在一些课堂中,学生只会说答案。在这类课堂里,

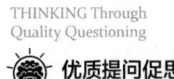

优质提问促思考
学生深度参与学习

教师的角色是"提问者"。让学生打破传统,不仅回答问题,而且提出一个问题,很难。狄龙认为,在许多课堂里,教师接二连三地向学生提问,致使学生没有足够

> 允许学生提问的最简单方法之一就是停止自己提问。
>
> ——狄龙(1983, p.37)

的时间来思考需要提出的问题。因此,等待的价值在于:教师、回答者和其他学生不仅有时间考虑如何回答问题,还有时间来提出问题:"我同意吗?为什么是这个答案?为什么不是这个答案?那是怎么回事?"

使用等待时间,特别是等待时间 2 的一个结果是会有更多学生提问。事实上,教师帮助学生理解停顿的目的和价值后,可以鼓励学生提出问题,向学生说明他们提出问题既是必要的,也是令人期待的。

理解问题的价值

如果问学生他们为什么不在学校提问,有一些常见的回答。仔细研究学生对这件事的说法(见表 5.1),一组不言而喻的(可能是无意的和未经审查的)可能会使学生在提问时犹豫的课堂常态就显现出来了。

有一个关于诺贝尔奖得主物理学家伊西多·拉比(Isadore Rabi)的故事(reported by Barell, 2003),他的母亲每天下课后都会问他"你今天提出了什么好问题?"而不是"你今天学到了什么?"那位母亲知道提问的力量!她知道儿子结合所掌握的知识和材料提出一个问题以学到更多知识的重要性。

 规范:要用开放性思维去思考和提问,而不仅仅是知道什么和做出回答。

让许多学生感到惊讶的是，他们思考问题，提出与思考和研究项目或内容相关的问题，比回答教师提出的问题学到得更多。提问是一种自然的学习方式：某些东西让你困惑，你开始怀疑它，你提出一个问题，然后开始尝试回答它。当你想知道某事时，就有了学习的动机；没有任何事可以阻止你！关于阅读理解的文献证实了学生提出问题的价值。好的读者在阅读时会问自己问题（Rosenshine, Meister, & Chapman, 1996），而提出问题与提高阅读能力有关。

表 5.1　为什么学生在学校里不提问

学生评论	课堂评价或常态
老师不喜欢。	学生的问题并不重要；我们没有时间；离题太远了；我们要扣住课标的要求。
谁在乎这些东西？	内容的相关性不高或内容不有趣；学生无聊。
这不酷。	这个课堂中的大多数学生都不重视学习和成绩。那些似乎对学校和学习感兴趣的学生在社交方面可能是不成功的。
我不想看起来很蠢。	学生提问说明他们不理解；提问说明你不够聪明。
那不关我的事；那是老师的工作。	老师这一角色会问一些他已经知道答案的问题。学生这一角色会告诉老师他们已经知道的答案。这是老师想听到的。

近年来，由于信息爆炸以及个人对这些信息进行有效整理的需要，提出好问题的能力变得尤为重要。所有专业人士都需要通过提问和寻求答案来不断更新自己的知识，提高自己的技能。

THINKING Through
Quality Questioning

优质提问促思考
学生深度参与学习

> 优质提问促思考:
> 你对学生问题和提问的价值有何看法?你和你的同事对聚焦于这种技能的需求而进行对话的价值有何看法?

对于那些积极参与本国民主治理的公民来说,问题发挥着越来越重要的作用。(有时甚至是因为)现在可获得的信息广泛而丰富,与当今的社会、政治和经济有关的问题比以往任何时候都复杂,而且更难回答。考虑以下几个需要选民做出投票的问题:

· 处理以色列–巴勒斯坦冲突的最佳办法是什么?它是怎么开始的?是谁的问题?

· 我们如何确保所有公民都获得负担得起的优质保健服务?这是政府的责任,还是每个公民的责任?我们能做些什么来遏制飞涨的医疗费用?

· 是什么构成了极端穆斯林?极端分子对西方世界的仇恨的基础是什么?我们能做些什么来试图在东方世界建立更多的和平关系?和平共处的最大障碍是什么?有利于和平的因素是什么?

· 与其他工业化国家相比,为什么美国的犯罪率如此高?

· 今天的移民与20世纪初的移民有什么不同?在过去的100年里,有多少关于移民人数的资料?移民政策(合法与非合法)是如何建立的?

这些就是公民需要阅读和思考的复杂问题,对这种问题的研究需要耐心。然而,课堂里的那些"数字原住民"已经习惯了快速准备好答案(想想他们经常是怎么说的:"我在谷歌上搜索了答案。")。现在网

> 提问教育……是学生参与自己学习的最自然的方法。当我们认识到一个有问题的情境时，我们便开始了思考，这样就进入了探究过程。
>
> ——巴雷尔（Barell, 1995, p.91）

页访问的平均时长是 2 秒（Sprenger, 2009, p.34）；这对于复杂的思考来说不够长！我们要如何帮助学生学会质疑信息，以便学生把握其信度和效度？

示范真正的提问

通常，教师在课堂上提出的问题不是真正的问题，因为教师已经知道答案，而且学生也知道如此。因此，他们会把对问题的回答作为一种测试，而不是一种探索。

如果我们希望学生学会提问，那就需要示范用心思考和真正的提问。我们需要问一些我们可能不知道答案的问题，问一些有不同答案的问题，问一些会让我们对学生的想法感兴趣的问题。当我们在课堂上大声朗读时，可以停下来问自己一个问题："我不知道艾伦在听到这个声音时会想什么？"然后，我们可以大声回答，让学生听到我们的思考过程。或者在阅读社会课的课文时，我们可以问："我知道柏林墙在 1989 年被拆除了，但我不知道这是因为人们激动万分自发拆墙，还是在官方宣布后有计划地完成。"

当学生看到教师示范时，他们就会用心模仿教师的表情和声音。然后，他们就会开始向同伴、教师和家人提出真正的问题了。

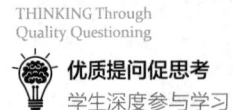

明确教授提问技能

为了帮助学生学会提问,教师应设法教给学生可在课堂上反复使用的程序或方法。其中一个常用的策略就是"先前知道 — 想要知道 — 已经掌握(KWL)",即老师要求学生回答以下三个问题(个人、小组或全班):

1. 你认为自己对这个话题了解多少?(K)
2. 关于这个话题,你想了解什么?(W)
3. 关于这个话题,你学到了什么?(L)

问学生"你认为你了解多少?"而不是"你了解多少?"能让学生怀疑自己、反思自己,并让他们明白,实际上他们所了解的和他们认为自己了解的知识之间可能存在差异。这种认识会激发好奇心,学生会产生问题,以确定他们想知道的内容;随着学生确定自己的学习重点,他们的动机和自主感相应地提高了(Barell, 2003, p.105)。这就培养了学生的反应能力。

巴雷尔(2003)和其他人提倡"基于探究的学习"或"基于问题的学习(PBL)",在这两种学习中,学生要善于提出问题并努力寻找答案。当学生体验 PBL 时,他们往往达到了"自主"这一层次(见图 5.2)。因为此时学生提出了问题;做出了增强学习动机的选择;教师与学生分享着对学习的控制权。基于探究的学习或 PBL 需要更高层次的思考,能够发展学生鉴别问题、解决问题和报告问题的生活能力。我们建议教师在实施 PBL 时,使用"知识 — 问题 — 策略(KQS×3)"(如表 5.2 所示)这一策略来组织。

表 5.2　KQS×3——基于探究的学习中学生计划、调研与评估组织表

知识	问题	策略
计划		
我们认为自己对这个主题了解多少？	什么问题会驱动我们的探究？	我们将用哪些策略来调研和更多地了解这个主题？
调研		
我们如何扩展和深化自己的知识？	正在出现哪些附加问题？	我们需要哪些其他资源和策略？
评估		
我们获得了哪些新的知识和理解？	我们还有什么其他问题？	我们如何在其他情境中策略性地应用新知识？

直接教授提问技能的另一种策略是"问题，问题"，这在合作小组或配对学习中十分管用。当你在探讨主题时，请停一停，让学生思考他们对这个主题感兴趣、愿意进一步开展讨论的内容。然后，请学生两人一组，自己提出问题，开展讨论。教师要帮助学生确定怎么样的讨论问题才是优质问题——开放式的，有多个合理答案，学生感兴趣，与学生生活相关，有助于学生从不同的角度进行思考，能激发更深入的探索。当学生正在学习掌握这种策略时，你可以给出一些提示，帮助他们形成讨论问题，例如：

· 我想知道……

· 这些相似和不同在哪里？

· 你能预测一下吗？是否可能会发生……

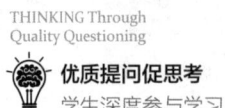

- 关键要素是什么?
- ……的影响是什么?
- 如果……,会有什么后果?

对这些问题的讨论结束后,你可以利用这样的机会帮助学生更多地了解优质提问。要让学生交流和反思讨论的问题是如何激发兴趣,如何通过大家各抒己见促进更深层次的思考的。你可以使用或修改第二章中提供的量规,帮助学生进行自我评估或同伴评估。

> **优质提问促思考:**
> 你用什么策略来鼓励学生提问? 你以后会考虑用什么策略?

学会质疑媒体信息是否准确和可靠

随着学生和教师在互联网上寻求答案的频率越来越高,我们有责任学习(并帮助学生学习)如何评估所听到的(广播、电视、推特等)和读到的(无论是互联网上、电子邮件中,还是打印件中)信息。巴雷尔(2003)引用了约翰·麦克贝克(John McPeck)的观点,将批判性思维部分地定义为"对某一特定陈述、既定规范或行为模式持怀疑态度"(p.119)。在这个充斥着信息——其中大部分是不确

> 给学生一个问题让她来回答,她将学会她阅读的文章。告诉她如何提问,她将学会在未来的生活中如何学习。
>
> ——加文来克与拉菲尔(Gavelek & Raphael, 1985, p.103)

定的世界中，这似乎是一个健康的方法。

快速浏览互联网（是的，我们也这么做！），在互联网上搜索"评价网络信息"，会有600多万个搜索结果。许多大学图书馆网站似乎是有用的。我们建议，根据学生的发展水平，与学生共同制定准确可靠的信息评估标准。请考虑以下描述的类别——作者、偏好、流行度和细节（author, bias, currency, and details），或称为"A-B-C-D"，作为你与学生共同评估的起点：

作者（A） 这个作品是谁写的？有权威性吗？如果有的话，能找到有关作者的可信的依据吗？谁出版的？材料上有明显的公司标志吗？有没有参考文献？在文章内容所针对的学科中，发布者/来源是否可信？

偏好（B） 作者的观点是什么？作者是否承认有自己的偏好？作者的观点或偏好是什么？

流行度（C） 什么时候写的？最近有更新吗？它是否属于一个正在进行的项目的一部分，需要与时俱进？

细节（D） 信息是可验证的吗？作者引用的信息的来源是否可靠？你是否可以找到其他资源来验证信息的准确性？作者能否提供数据来支持其主张？证据是否客观可靠？

为学生提供合作学习的机会

"**合作学习**是指在教学活动中以小组形式，学生共同努力，使自己和同伴的学习达到最大效果"（Johnson & Johnson, 1999, p.5）。它是教育文献中最经常被研究的教学策略之一，研究取得了一致的结果：在群体中创设

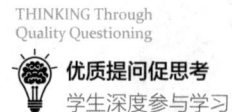

学习机会可以为学生带来显著的学习效益。学困生和少数学生的学习成绩因此得以改善。除此之外，它还有很多其他优势。研究表明：学生的自我概念、专注任务时长和社交技能都得到了提高（Darling-Hammond et al., 2008; Marzano, Pickering, & Pollock, 2001）。

合作学习**不只是**让学生分组就座，而是让他们承担个体责任。如果学生只是被动地与同伴一起完成教师布置的任务，那么，他们实际上并没有开展学习。合作学习需要学生之间相互依存：一起交谈，共同钻研，集体决策、规划和解决问题，为自己和他人的学习承担责任。

对于目前没有采用合作教学模式进行教学的教师来说，要实现转换并非易事。美国学校的学生"几乎很少采用团队学习的方式"（Wagner, 2008, p.68）。事实上，大多数学生大部分时间都是在学校里完成作业，或被动地接受老师提供的信息（Rotherham & Willingham, 2009, p.20）。教师发现自己很难放弃对学生的控制，并很难相信学生会自觉承担学习责任。瓦格纳（Wagner）断言："'学校的旧天地'仍然比许多公司有更多的指挥欲和控制权……学生习惯于让老师告诉他们该做什么。"（p.26）这种控制欲产生了一个难题：教师不想放弃控制权，但他们又抱怨"学生不想担当"，或者"学生想被动接受"。只有通过意志力和努力才能打破这个循环。我们中的一些人喜欢控制学生的学习，这样学生就无法发展反应能力。为了让学生承担责任，我们必须学会放手。合作学习是一种策略，它允许教师提供支架，同时做到扶放有度，提高学生的反应能力，让学生学会做出决策和掌控学习。

帮助团队制定规则并定期反馈应用情况

贝丝的课堂正在从小组学习环节过渡到全班讨论分享环节。老师问道:"小组学习的效果怎么样?还有什么需要讨论的吗?"一个学生说自己的小组很棒。老师想获得更加具体详细的信息。这时另一个学生说自己小组中的每个人都做出了贡献。老师又问:"你这样说的理由是什么?你有具体的办法来追踪每一个小组成员的贡献吗?"该学生不能证明每个人都参与并做出了贡献,但他认为事实就是这样的。老师又问:"你是怎么检查的呢?你收集了哪些数据来证明每个人都公平参与了?"于是,大家都花时间来考虑这个问题;每个小组都制定了监测参与度的策略。老师最后给他们的反馈是:"我很高兴今天对如何检查小组合作的效果展开了讨论。我注意到,有些同学发言多,有些同学发言少,我希望大家要记住基本规则,使团队工作有成效。"

规范:监控你的谈话,要让别人也有机会做出贡献。

团队合作潜在基本规则

· 开放,尊重各种不同的观点。

· 以开放的心态倾听,期望互相学习。

· 每个团队成员都有积极平等参与的责任。

· 检查理解:在你反驳一个想法之前,确保你已经完全弄懂了别人的意思。

· 允许一个小组成员在发言前后有思考时间。

· 欢迎提问。

来到学校之前,我们都不知道如何有效地在团队中工作。这些技能都需要学习。制定团队工作规则,以及反思团队合作的效果,是发展合作技能的一种方法。每个小组或整个课堂的各个小组都可以制定一套程序。

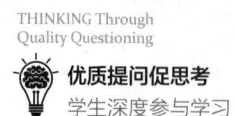

优质提问促思考
学生深度参与学习

明确定义角色是另一种帮助团队良好运作的方法。合作小组活动中的典型角色包括辅助者、计时员、报告人、记录员和材料管理员。根据不同的任务，可能还需要增加其他角色。教师可以通过建议增加有助于任务完成的某个特定角色，通过观察小组成员之间的角色轮换情况，偶尔让学生停下来就角色对团队工作的影响和效果进行反思，来促进小组工作。

提供策略以提高协作技能

教师可以向学生介绍会使合作小组在学习中富有成效的策略。如"最后陈述（Final Word）""保存最后一个单词（Save the Last Word for Me）""提问圈（Questioning Circle）""四个 A（the Four A's）"和其他策略（具体请参见附录 A），这些策略可以使小组处理和共享信息，让所有学生都做出贡献。"切块拼接法（Jigsaw）"是一种合作学习策略。"家庭组"的每个成员成为某一主题的"专家"，在家庭组中进行分享和教授，这是使合作小组在学习中富有成效的另一种方式。对于从事长期项目（基于探究的学习或 PBL）的

学生对合作价值的评论

当你与其他人一起完成学习任务时，学习和获得信息变得更容易了。大家在合作中共同努力，实现一个你自己无法达到的既定目标。通常情况下，你需要同其他人一起来完成一个项目。当我在一个小组中工作时，我感觉更好，因为我正在学习如何让别人不要掉队。

——12年级男生

我不喜欢一个项目都自己来做。我喜欢和别人合作。如果你们组里有人不明白，你可以帮助他们，而不是等待老师。当你帮助同学时，你会记得更牢，因为你教了他们。有人期待听到你的答案。当你不在一个小组里时，大家都依赖老师的答案，而不会向同学寻求帮助。我从 PBL 里得到的一个主要好处是，我们正在学习怎样与人合作。当我们进入职场时，我们也不会孤军奋战。

——12年级女生

小组，这样的做法可以帮助小组成员发现问题、提出问题、规划学习策略，并编写好报告与有关各方分享。

在第二章中，我们重点介绍了一个通过 PBL 转变面貌的学校——温特伯勒高中。PBL 的两个显著特点是能聚焦和驱动学生调研的问题，以及能使学生团队参与这种基于探究的学习的合作学习策略。詹妮弗·班纳特是一位教学主任，她推动了 PBL 设计工作在高中的开展，还采访了一些温特伯勒的学生，以了解他们对合作学习的看法。他们的评论在题为"学生对合作价值的评论"一文中有介绍。詹妮弗在一个小型的焦点小组里采访了这些学生，并报道说："即使是在回答这些问题时，小组也表示最好能作为一个团队来回答，而不是单独回答，因为这样能够详细阐述大家的想法，从而提供更好的回应。"

还有一些策略是建立在创造性思维上的，这时合作胜过单干，这是显而易见的。一些能帮助学生跳出现有思维局限的策略包括"圆桌会议（Table Rounds）"（小组讨论，在桌布上记录文字和图片）、"墨水思考（Ink Think）"（一种非言语创造思维导图策略，小组成员学着"倾听"彼此的书面想法）、"关联映射（Affinity Mapping）"（帮助小组分析和组织思想），以及使用类比和隐喻来拓展思维的"共同研讨法（Synectics）"。

优质提问促思考：

反思你目前使用的协作策略。你准备如何使学生在团队中发挥作用？你采用什么措施取得了成功？前面段落中提到的哪些措施可能适合你的课堂？

教授合作讨论的技能

狄龙（1988）是我们 20 年前开始研究提问、学习和思考的主要来源之一，他对学校提问的两个主要情景进行了有益的区分：（1）背诵，遵循传统的 IRE 模式，学生只对老师回答有一个正确答案的问题，并接受老师对答案的评价；（2）讨论，由一个开放式问题开始，学生相互交谈（不仅仅是对老师），并回答和提出问题。我们与老师的合作使我们意识到学生理解这两种情景之间的区别，以及教师在各个情景中制定规则或程序的重要性。

讨论能使我们听到不同的观点；公开表达，澄清自己的想法；理解在这个复杂的世界里，许多问题都没有一个正确的答案。熟练的协作式讨论能使团队学习产生强大的效果。不幸的是，学生和大多数成年人都不具备参与协作讨论的技能。大多数学生缺少机会，无法在学校中发展这方面的技能。"不幸的是，根据卡米尔和他的同事的说法，目前每 60 分钟的课堂教学中，这种讨论只占 1.7 分钟。"（Kamil，引自 Lemke & Coughlin，2008，p.56）

显然，问题之一是我们在学校时，花费在讨论上的时间不多。但另一个更大的问题是，在学校内外的讨论中，学生很少能够看到有人示范这种熟练的协作式讨论。当今的许多讨论中，很少有人听取或理解他人的观点。讨论仿佛一场乒乓球游戏，你一言我一语，几乎没有时间让人去用心思考或理解：我们倾向于用自己的想法来倾听，而不是充分理解对方正在说什么或者想说什么。参与者经常还没有去深入了解就对彼此的评论做出判断。当我们同意某个人的想法时，我们就很快接受。当我们不同意某个人的某个想法时，我们要么与之争论，要么保持沉默（不发声、不亮明态度）。结果是，一些人赢了，另一些人输了——有时，谁也没有赢。

在我们描述的常规（无约束的）讨论中，几乎没有反思或沉默的时间。

因此，参与者往往是被动的；他们进行了争辩，但很少停下来探究彼此间存在分歧的原因。相反，他们只是做出假设，并在没有检查准确性的情况下继续推进。在激烈的讨论中，很少有人以事实或证据阻止我们；我们也很少被要求提出自己做出判断的标准。

那么，当我们主张协作式讨论时，我们是什么意思呢？霍华德·加德纳（Howard Gardner）从思想家的角度提出了一个引人注目的论点：我们需要学会倾听和理解不同的观点。在他所著的《未来的五种心智》（*Five Minds for the Future*）一书中，加德纳（2006）声称，"尊重的心智"在全球共同体中至关重要："在一个到处都相互关联的世界中，不会宽容或不会尊重，再也行不通了。"（p.5）通过在团队中做真正的、有意义的工作，学生可以在学习和使用有效的沟通技能的同时培养宽容心。正如加德纳所说的，他们须知道"要允许有不同的观点，这本身并没有错"（p.114）。这与当前的美国文化背道而驰，当前的美国文化越来越呈现出对政府领导人、社会问题和个人关系的两极分化。

在《课堂争议：讨论的民主力量》（*Controversy in the Classroom: The Democratic Power of Discussion*）一书中，戴安娜·赫斯（Diana Hess, 2009）认为，教授讨论技能是生活在一个民主社会中必不可少的准备。虽然她的学科背景是社会学，但她认为，在科学、数学、健康、心理学和文学课中，讨论争议性问题的作用日益增强，学校是最适合讨论的地方。通过研究，她了解到，在课堂上熟练地使用讨论的老师会"有意地**教授**讨论技能并**开展讨论**"（p.55）。他们教授**如何开展讨论**，目标在于帮助学生学习如何参与当今世界真实问题的讨论，做出民主的教育决策。他们也会以讨论的方式来开展教学，即将讨论作为一种教授内容、批判性思考和沟通技能的教学工具。

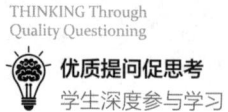

优质提问促思考
学生深度参与学习

让学生做好准备

为了成功地将讨论作为一种学习或教学策略,教师需要确保学生准备好参与——他们知道讨论的内容以及协作式讨论的流程。有时,讨论可以作为一个单元或课程的导入,教师可以将它作为形成性评估:一个评估学生知识和理解,并确定学生是否存在误解的机会。在这种讨论中,学生对内容不会有太多的准备。而教师更多时候是将讨论作为一种最终活动,让学生积极地运用他们的所学来整合和运用知识。

没有让学生准备好针对一个主题进行富有成效的讨论或计划讨论的后续行为,这不是一个有效的讨论。这种类型的"讨论"会让教师的口碑变差,因为其往往会变成分享无知或教师分享自己观点——这两种情况在协作式讨论中不会发生。

让学生为讨论做好准备,用有别于典型课堂提问的形式与学生分享讨论目的,是有效的。讨论有助于开发本章开头部分介绍的四项技能:学生在出声思考时发展了批判性思维,阐明了自己的想法。在熟练的讨论中,学生将为自己的陈述、意见和判断提供证据。他们会把学到的知识应用到新情境中,进行更深入的学习。讨论还有助于培养和应用沟通技能,如提高倾听技能和清晰表达想法的能力。讨论是合作的基本技能;学生听到了许多观点,能尊重不同的观点,向同伴学习。发挥最大作用时,讨论能激发好奇心。学生会想更多地了解别人的想法;他们可能比自己更正确吗?他们学会了推测、假设和质疑。

规范:认真听取其他人的观点,以便充分理解和学习。

用基本规则和澄清问题为讨论技能的培养提供支架

学生需要学习如何区分常规讨论和协作式、技能性讨论。根据学生的实际情况制定基本规则,能将讨论提高到一个更熟练的水平。以下是教师有时会使用的一些规则的示例:

- 互相交谈,而不仅仅是只讲给老师听。
- 不要打断别人说话;示意老师把你的名字放在"发言者名单"中,这样能让每个想发言的人都有机会。
- 在你发言前,先总结一下在你之前发言的人说的话;检查一下,确保你已经正确理解。
- 倾听,倾听,再倾听。如果你不理解另一个人的意见或观点,请提出澄清问题。
- 拒绝判断;请保持开放的心态,问自己:"我能从这个人身上学到什么?"
- 捍卫你的观点;提供可靠、有效的证据。
- 如果你没有听清小组中某个人的话,就直接问他,了解他的想法。

当学生在听取别人的意见时,让他们不要放弃自己的观点,也不要做出判断。他们可以提出问题来澄清自己的理解,而不是强迫他人捍卫自己的观点。不严谨的思维产生的最无效的结果是:在我们理解他人所说的内容之前,就匆忙做出判断。当我们做出同意或不同意的判断时,我们会停止倾听,还没理解就开始思考**我们**对这个问题的看法。当这种情况发生时,相互学习的机会就无影无踪了。

为了帮助学生继续参与协作式讨论,可以告诉他们如何在同伴做出不

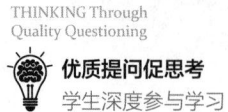

明确的陈述时要求澄清。建议他们用以下问题或陈述:

- 你能举个例子吗？
- 我想听听你更多的想法。
- 请再说得具体一些。
- 当你说……，那是什么意思？

为讨论技能的培养提供方法支架

教师可以利用互动的方法来帮助学生在全班大组或较小的合作组中进行讨论。提供简单的书面问题，要求学生花时间反思，写下他们的观点，就可以帮助学生做好参与准备。在与全班大组讨论之前，要求学生与合作伙伴（"思考 — 配对 — 分享"）交谈，这能帮助学生在口头上厘清想法。一个叫"人形地图（Peoplegraph）"的方法，要求学生在陈述同意或不同意的意见时，还要决定"站在哪一边"，然后与附近的持有类似立场的人一起讨论立场。在小组中听取和分享对问题的想法，有助于学生建立信心，并让他们为大组讨论做好准备。

另一个能帮助学生使用讨论技能（如释义和等待）的方法，称为"鱼缸（Fishbowl）"。一个小组的 6 到 8 名学生坐在内圈，其他同学围在外圈。那些坐在内圈的人因正受到别人的观察，所以更倾向于使用讨论技能和遵循商定的程序来讨论问题。这种帮助学生思考他们相信什么以及为什么的方法，能帮助学生学会思考，并学会表达自己的想法。附录 A 中描述了可用于达到这个目的的其他方法。

用反馈和评估为讨论技能的培养提供支架

"这次的讨论是如何发挥作用的？为什么能发挥作用？"教师可能会在小组或整个班级参与讨论后问这样的问题。一些教师会与学生合作，建立一个量规，并要求学生评估自己和小组的表现。评估量规示例见表5.3。

表 5.3　讨论评估量规

沟通技能的证据	・学生的评论与该话题有关。 ・学生为自己的陈述提供了证据。 ・学生与那些倾听者进行了眼神交流。 ・调节声音，表现出热情和真实性。
倾听的证据	・与说话的人进行了眼神接触。 ・肢体语言表现出兴趣和理解。 ・学生尊重思考时间。 ・学生能准确地复述同伴的评论。
责任到人的证据	・所有学生都积极参与。 ・如果某个学生没有参与，会有人请他发表意见。 ・学生发现了不一致的地方。 ・学生用合适的方式请同伴给出证据。

为讨论技能的培养提供支架的一个重要部分，是教师评估小组的技能并提供反馈。当发现了一些有问题的地方，教师可以为之提供额外的练习。或者小组可以指定一个监控人来收集更多有关该特定技能的数据。当确定一个或多个优势时，教师应该要求学生给出具体的例子。

在课外扩大讨论

今天的技术能使学生在课外开展讨论。他们可以通过博客和维基与其他州、国家，或世界其他地方的人进行互动。伦敦学生如何看待莎士比亚的某首14行诗？德国学生如何看待伊拉克战争？中国学生如何看待当前的经

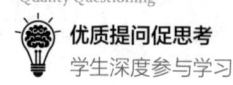

济形势？哥斯达黎加人或冰岛人对全球变暖了解多少？一旦学生知道了讨论的流程，他们就可以使用这些流程来更好地了解世界各地不同学生的观点。

> **优质提问促思考：**
> 你将使用上述哪一种具体做法来引入协作式讨论或改进课堂中的协作式讨论？你将如何向学生呈现这些想法？

 链接：发展学习者的能力

教师可以培养学生的学习反应能力，本章提出了四种方法：（1）培养学生的责任感；（2）培养学生优质提问的能力；（3）为学生提供合作学习的机会；（4）教授合作讨论的技能。为了达成目标，教师可以使用各种策略和方法，培养学生的回应、提问、协作和讨论能力。教师可以帮助学生理解什么是好的学习，让学生积极地创造一个会发生这些行为的课堂。学生学习反应能力的发展不是偶然的。强调学生的元认知、参与度和自我效能感的课堂练习可以培养学生的反应能力。

学生的元认知

· **我期望学到或能做什么？** 有反应能力的学习者会充分参与学习和思考过程；他们可以清晰地表达学习目标。他们如果明白提出问题的价值，就会通过提问来澄清自己的学习目标："我想知道什么？我希望能够做什么？"在合作小组中，学生会协同制定目标。

· **我现在对这个主题有什么想法和认知？是否准确？** 在每个学生都要

给出一个答案的课堂里，学生能够通过与他人的答案进行比较来评估自己。针对一个特定的主题，帮助学生确定他们知道什么，他们认为自己知道什么，以及他们想了解什么，是一个很好的开始。当学生对某个主题提出问题时，他们将搜索答案，并确定自己所知道的内容。小组讨论能让学生在准备进一步探索时，清楚地了解自己对特定主题的想法是否准确。

·**我如何对学习内容达成个人理解？** 当学生提出与内容相关的问题时，这表示他们将内容与自己已有的知识联系了起来，并进行了充分的思考、推测、琢磨和假设。此外，合作小组的工作可以帮助学生构建个人意义，巧妙地使用讨论也可以。当学生倾听其他同学陈述时，他们能学到关于某个主题的不同观点。当他们提出自己的想法并为之寻找可靠的证据时，他们就是在澄清自己的想法，并把它与自己已有的想法联系起来。

·**我如何监控自己的学习与进步？** 随着学生逐渐能够把握思考和学习之间的关系时，他们能够更好地评估自己的学习，并知道如何更好地实现学习目标。反应能力的发展有助于他们认真对待这种监控。因为他们能够掌控自己的学习，开展自我评估。他们的学习结果是由自己来衡量的，而不仅仅是根据老师的想法。

·**我的反应能力已经发展到了什么程度？** 在本章中，我们研究了如何帮助学生培养自我效能感和反应能力，以促进自己的学习。当他们不负众望，回答了所有问题、形成和提出问题、与他人合作，并以一种巧妙的方式进行讨论时，表明他们相信自己能对自己的学习负责。

·**我学到了什么？我将如何继续深化学习？** 有反应能力的学生会评估自己的学习。他们会就所学内容提出问题，这些问题又会使他们对某一特定技能或内容领域的探索更进一步。反应能力强的学生通过讨论来表达自己对生活的真实想法，利用技术来扩大他们的学习共同体。学生不再只是完成教师布置的作业，而是利用所学到的东西投入项目的创建，推动后续学习。

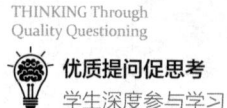

学生的参与度

本章讨论的每一种行为都会激发学生的参与热情。使用不同回应模式会让学生思考问题并制定对策。学生能提出问题,表明他们的参与和思考都很积极。合作学习已经被证明比其他大多数教学策略更能吸引学生。最后,讨论可以帮助学生在个体层面上运用所学内容,充分参与学习。

当我们思考教学核心的三个组成部分及其相互之间的关系时,我们可以看到学生的反应能力改善了:(1)教师和学生之间的关系(随着教师的控制越来越少,学生获得了更多的自主权);(2)学生和内容之间的关系(随着越来越多地参与,学生能够在个体层面上运用所学内容)。

学生的自我效能感

随着学生逐渐掌握学习的自主权,学生的自我效能感会增加。反应能力强的学生正在培养自己设定学习目标的能力,评估自己已有的知识,以便了解需要聚焦的内容,并在学习中进行形成性评估。他们利用这些能力来改善学习,提出优质问题来深化学习,并与他人互动,更加充实自己。

· 想象一下,当一个学生提出一个问题,教师不能(或没有)回答,但全班学生都能从容应对时,那种满足感!

· 想象一下,当一个学生对班级讨论(也许是第一次)做出贡献,其他人承认他的洞察力时,那种责任感!

· 想象一下,当学生人人做贡献,帮助团队理解一个复杂问题,给出圆满解决方案时,那种归属感!

第六章

营造思考文化

如何应用优质问题创建课堂文化,帮助师生共同优化思考和学习?

焦点问题

1. 你如何定义思考文化?
2. 角色和关系如何帮助定义一种文化?
3. 为什么通过优质提问来积极地教授思考的规范很重要?
4. 在营造思考文化时,思维性语言的价值是什么?
5. 你如何定义思维习惯? 哪种思维习惯是思考和提问的基础?
6. 在营造思考文化的课堂里,对提问和思考的庆贺可以什么形式进行?

> 谈论课堂的思考文化，就是谈论课堂环境，在这个环境中，语言、价值观、期望和习惯等多种力量共同展现和巩固了良好的思维方式。
>
> ——体斯曼，珀金斯与杰伊（Shari Tishman, David N. Perkins, & Eileen Jay, 1995, p.2）

托马斯·塞尔乔瓦尼（Thomas Sergiovanni, 2005），教育领导力的思想领袖，把文化称为维系学校的"规范胶水"。其特点是"以共同的愿景、价值观和信仰为核心，文化作为指南针，指引人们走向共同的方向"（p.1）。胶水的隐喻同样适用于课堂文化。如果我们要创造有思想的课堂，教师和学生需要被一个积极的关系网络连接起来，这个关系网络需基于共同的规范和思维习惯，重视思维的过程和结果。

在本书中，我们介绍了支持优质提问和思考的规范。规范经常被形容为"彼此交流接触的方式"，是文化的基石。我们不能通过弹弹手指或在公告栏上进行张贴的方式来创建课堂规范。随着个体之间的相互作用、相互联系，规范会随时发生变化。良好规范的成功建立取决于教师与目标群体之间的关系的质量。与规范一样，关系会随着时间的推移而发展。那么，这对营造课堂思考文化意味着什么呢？

要创造一种文化，必须从文化应该是怎么样的愿景开始。我们对学生的思考和学习的愿景出现在第一章开头。实现这种愿景总是一项正在进行的工作，需要永无止境的努力。第二章到第五章介绍了这个愿景的构造部件，重点在行为上。这些行为与和愿景相关的价值观及信仰息息相关。

在我们构思这本书时，毫无疑问，书中将包括一个有关文化的章节。然而，把这个章节放在哪里是一个困难的决定，我们不知道应该把它放在书的开头还是结尾。经验告诉我们，优质提问和思考行为不能在没有培育文化的课堂上发展和成长，所以我们想过把它放在第一位。然而，我们知道，信仰会随着导致积极结果的行为的变化而变化，因此，在解释了期望行为之后，我们将本章作为一个论点放在最后。你现在正在阅读我们对这个问题的答案！

本章将探讨与营造思考文化相关的五种行为：

- 发展协作、关爱的关系
- 教授并强化提问与思考的规范
- 采用思维性语言
- 培养思维习惯
- 庆贺思维突破

正如戴维·科布林（David Kobrin，2004）所观察到的（见引语），成功的课堂中，领导权是师生共享的。同样，如果期望真正的思考文化出现，教师和学生必须分担这五种行为的责任。

> 作为一个课堂的负责人意味着什么？我喜欢把教师比作小社区的负责人，他们承担着与国家领导人一样的责任。对教师来说，他们的任务是创造一个促进成长、学习和理解的课堂环境。然而，这不是一个人可以独立完成的工作。幸运的是，每个课堂都有很多的潜在帮助者：学生。问题在于把孩子们聚集在一起……课堂领导取决于引起孩子们对课堂的自愿参与度。
>
> ——科布林（2004，p.1）

发展协作、关爱的关系

积极的文化以积极的关系开始和结束。积极、协作和关爱的关系也是培育课堂思考文化的生命线。在第五章中，我们将学生协作与改善学生学

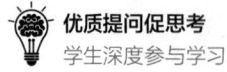

优质提问促思考
学生深度参与学习

习效果联系了起来。我们一再强调教师关注学生回答、教师关注学生思考，以及教师关心学生学习和成长的重要性。在整本书中，我们强调了教师与学生合作制定优质问题、学生回应期望和潜在支架的重要性，及师生一起反思如何使用其他提问策略和学生成绩的重要性。所有这些行为包含的角色和关系与传统的、以教师为中心的课堂中的角色和关系不同，在传统课堂中，控制和遵循会影响师生甚至生生之间的关系。

> **优质提问促思考：**
>
> 　　对于协作、关爱的关系，你有怎样的信念和价值观？把这些记下来。现在，将它们与表 6.1 进行比较。你有没有发现被我们遗漏的信念？如果有，请将它们添加到你的表中。你有忽略这个表中的一些内容吗？你想在课堂上培养这些吗？

表 6.1　与协作、关爱的关系相关的信念和价值观

信念/价值观	对提问与思考的影响
1. 信任	学生更可能给予和接受帮助（例如，使用教师支架来反思并继续思考）。
2. 尊重	学生彼此倾听，并听老师讲课！他们尊重不同的观点。
3. 信心	学生愿意在合作小组和整个课堂的互动中畅所欲言，做出贡献。
4. 安全	学生愿意冒险；他们不害怕实验、提出假设或提出问题。
5. 互赖	学生明白我们大家比我们中的任何一个人都知道得更多，且学生乐意给予和接受帮助。

续表

信念/价值观	对提问与思考的影响
6. 共情	学生试图了解他们的同伴来自何方,并在他们气馁时给予支持。
7. 动力	当学生知道他们的老师和同学关心他们是否理解和学习时,学生的动力就会增强。

在本章的后面,我们将探索与深思相关的思维习惯。因为它们有助于发展熟练的思考和积极的关系,这些习惯也有一些出现在这个列表中。这就是我们所说的信念。

教师如何在课堂上强化这些信念呢？我们猜测,你知道自己对这个问题的答案,并与每一个新的学生小组一起强化了这些信念。如果你像我们一样,和大多数其他教师一样会分享这些价值观,你就会使用各种策略把它们编到你的课堂文化中,包括:(1)有意和连贯的示范;(2)以系统和常规的方式与学生讨论这些信念(如在学年开始时,每当有特定的课程主题时,以及有特殊情况或事件提供机会时);(3)加强体现信念的行为。如果信念与关爱相关联,合作已经成为你的课堂文化的一部分,那么,你就有强大的基础来建立支持深思文化的关系。

当我们说我们考虑建立与深思文化相关的关系,它包括师生关系、生生关系和师师关系。尽管这三种类型的关系在许多方面都有联系,并以其他方式互相影响,但在这里,我们将对它们逐一分别进行研究。

让我们从师生关系开始,这种关系是自然的协作、关爱关系,滋养着我们所想象的文化。首先也是最重要的,作为教师,我们需要将这种关系定义为学习中的伙伴关系,我们需要用语言和行动向学生传达这一点。如果我们坚持在课堂上保留我们的指挥和控制角色,我们就不能指望学生掌控自己的学习，成为我们之前描述的那种自我管理的学习者。对我们许多人来说，这是一个巨大的转变（参见表6.2）。

在我们发展与学生的学习伙伴关系时，我们要对这种合作关系做出示范，以期学生间建立良好的同伴关系。这样做旨在建立一个学习共同体，其中学生不仅要对自己的学习负责，也要对同学的学习负责。这代表着传统课堂中生生关系的转变，传统课堂中的学生关系更具竞争性而不是合作性。表6.3对竞争关系和伙伴关系进行了对比。

表6.2 教师角色及师生关系的转变

从指挥和控制的角色	到学习中的伙伴
是一名专家，所有知识的源泉	拥有专业知识，同时也是学生的教练和资源经纪人，旨在培养学生的专业能力
确定适用于所有学生的课程学习目标	希望学生形成自己的学习目标，并协助他们这样做
为了得到正确的答案而提出问题——在提出问题之前心中就已经有答案了	提出问题，了解学生所知道的知识，以便协助他们达到学习目标
不断地评估学生的答案和成果	让学生参与自我评估和同伴评估
讲述很多内容	为学生调查和探索设计任务
以传统的方式进行课堂讨论——提出问题；要求一个举手的学生回答问题；对学生的回答做出回应，然后再让另一个学生回答；几乎总是在每个学生回答之后进行评论	在讨论时，通常坐在学生之间，提出讨论的问题，邀请学生相互交流，只有在学生好奇或困惑的时候才会提问，偶尔也会加入讨论
倾向于在课堂互动中给予高成就的学生更多的时间，在讨论中给予他们更多的时间，为他们提供更多的等待时间、更有用的反馈等	对所有学生都抱有很高的期望，使所有学生都能在课堂上理解和回应；为所有学生提供公平的回应机会

表 6.3 学生角色和生生关系的转变

从个别竞争	到学习中的伙伴
通常是个人单干,与同学隔离	往往是一个学习小组的一部分,成员共同努力解决问题
与同学竞争以获得班级的最佳成绩(或决定不参与)	所有班级成员希望达到学习目标,掌握相关知识
通常不会积极地倾听同学的回答,只听老师的,老师的答案是取得好成绩的关键	主动倾听同学的回答,老师重视学生的观点,不重复学生的答案
往往无法表现出对不同观点的尊重	倾听那些从不同角度看问题的同学的不同观点
出现问题时,请老师帮忙,很少请同学帮忙	向同学提出问题和请求帮助,根据需要向同伴提供帮助

教师不仅要与学生建立伙伴关系,也要与同伴建立伙伴关系。学生会关注教师间的互相合作、互相学习。我们鼓励教师找一个愿意为特定目的而观察他们上课的同伴,并向他们提供形成性反馈和反思的机会。在合作伙伴模式中工作的教师说,他们的学生对老师有兴趣学习和提高,并且为此一起努力的事实非常感兴趣。学生也想知道他们的作业(和问题)是否与其他课堂的同学相似;他们知道老师在交流,一起工作。

普通教师有特殊的机会与融合和教授英语作为第二语言(ESL)的教师进行合作。同样,学生会关注教师是否以专业人员的身份参与合作,即教师是否共同参与调研,以有针对性地改善学生的学习。他们还会关注教师是否对课堂采取了特别的态度。

我们的目标是在一个深思的课堂上建立一个反映各种思考和学习伙伴关系的网络。精心制定的规范能够支持我们之前概述的关系。

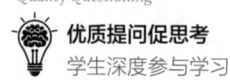

优质提问促思考
学生深度参与学习

> **优质提问促思考：**
>
> 角色和关系的转变是营造思考文化所必需的，你同不同意这个说法？请为自己的观点辩护。

教授并强化提问与思考的规范

在前面的每一章中，我们都提供了特定的规范来支持建议的行为转变。我们需要明确的是：仅仅在课堂上张贴类似的标语不足以使其成为真正的规范。特别是在一个学习共同体中，成员必须将规范作为他们信念和行为的指导准则。相比出于课堂管理的目的而设计的规则和程序，塑造思考文化的规范更需要不同学生的接受度。

规范要想真正有效，学生和教师必须真心接受。这不会自动发生；相反，教师必须有一个计划，包括：(1)向学生展示每条规范；(2)学生反思规范的意义及其对他们的信念和行为的影响；(3)定期审查和重新调整规范。梅里尔·哈明（Merrill Harmin, 1994）提出了教授学生规范的模式，倡导真理标志，他认为这是"提醒学生关于学习和生活的重要真理的标志"(p.49)。哈明将告诉学生该做什么的课堂规则与真理标志进行了区分。他举了一个例子："每个人都需要时间去思考和学习。"(p.49)这听起来熟悉吗？

哈明还建议，教师在新学期的头几个星期的课程中，要逐一介绍这些规范。我们同意哈明的观点，认为仅仅张贴这些标志是不够的。我们需要花时间与学生交谈，帮助他们理解思考的规范是**什么**以及**为什么**需要这些规范。让我们回想一下我们在第三章中介绍的一个规范：使用教师的问题来激发思考，而不是去猜测教师的答案。

也许帮助学生理解规范最简单、最直接的方法就是让他们参与讨论。设想一下，五年级新学期刚开始，费尔南德斯（Fernandez）先生是一个独立班级的教师，他致力于向他的新学生介绍提问和思考规范。接下来是费尔南德斯先生与学生的谈话，关于他们对自己的回答进行思考，而不是试图找出老师脑海中的想法的重要性的规范。

费尔南德斯先生："我昨天向你们提到，我们将一起讨论支持我们学习和思考的信念和行为。今天，我想请你们反思一下这个规范：使用教师的问题来激发思考，而不是去猜测教师的答案（他指着贴在教室墙上的一句话）。我希望你们每个人都把这句话读给自己听，思考它告诉了你们什么。（他停顿了30秒，让学生有时间思考）现在，转向你的伙伴，分享你们对这句话的想法。"（他提供三分钟让学生进行分享）

费尔南德斯先生："现在我想听听你们中的一些人的想法。（他停顿了三秒）你和艾丽西娅对这个规范的意义有什么看法，马蒂？"

马蒂："嗯，我说这意味着我们应该说出我们的想法，而不是我们认为你在想什么。（停顿三秒）艾丽西娅说，她猜测这就是这句话的意思。但我们都认为，教师在提问时想听到正确的答案，所以我想我们有点困惑。"

马克："我认为费尔南德斯先生对正确答案感兴趣，但我认为他的意思是我们需要想好我们的最佳答案，并说出来，即使我们不确定。"

费尔南德斯先生："（点头）你说的对，马克。我确实希望你们在回答问题时能够说出最佳答案，但是我想让你们思考一下你们对这个话题的了解度。我希望你们集中注意力，然后形成你们的答案。我不想让你们担心我想让你们说什么。"

费尔南德斯先生："现在，想想我们的课堂共同体为什么需要这个规范。推测一下为什么我会选择这个规范。（停顿）好了。凯特，你的理论是

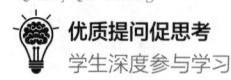

什么?"

凯特:"呃……让我想想。哦,我知道的一件事是,大多数老师似乎并没有问我们想什么,他们会叫那些举手表示自己有答案、想要说出来的人。也许您想让我们知道,在这个班里,情况会有所不同。"

费尔南德斯先生:"很有趣,凯特,你刚刚说了我会说的话。记得我还在学校时,我照你说的做了。如果我认为我有老师想要的答案,我就举手。去年夏天,我做了一些阅读和思考,得出了这样的结论:通常在课堂上,我在问一个学生问题之前,已经对这个问题有了答案。换句话说,我已经知道我所知道的和我的想法。但我认为,问题应该关于你们所知道的和你们的想法。大家都能理解吗?"

乔:"是的,我认为这是有道理的,但是即使我知道,如果我不确定,我就很难回答。"

费尔南德斯先生:"嗯,乔,我会等你的回答。看到这个规范了吗?(他指向另一条贴着的规范)'在提出一个问题后,使用停顿来思考并形成你的回答。'这是关于一个叫'等待时间1'的概念,我会在提出一个问题之后停顿,然后再叫人回答。这是我们互相给予的思考时间之一。还有一个等待时间,当你回答完不再说话了,我会给你时间让你思考。我通常会在你说完最后一个字之后等待三到五秒,然后再说话。这个规范的重点是在你回答之后,使用停顿来反思,然后添加或改变你的答案。明天我们将更多地讨论这两个规范。敬请关注。同时,总结一下我们今天所说的,关于你们对我的问题的思考的重要性。辛西娅?"

辛西娅:"嗯,我们一直在谈论你已经知道了你自己的问题的答案,所以你希望我们在你提出问题的时候思考我们所知道的,而不是担心你的答案。"

费尔南德斯先生:"谢谢你,辛西娅。如果你们同意辛西娅的话,请竖起大拇指。如果你们不确定的话,请放下大拇指。(停顿)好,我看到了你们所有人的大拇指,今年我期待听到你们更多好的想法。"

我们建议你和学生进行一次类似的关于你选择的支持思考和提问的规范的交流。我们还建议你考虑哈明(1994)所倡导的另一个策略,即"缓冲",其定义为"旨在强化规范的问题或陈述"(p.56)。例如,想象一下,在上一次交流之后过了一周,你在费尔南德斯先生的班上。那天,他计划推动全班讨论,提出了一到三个重点问题,旨在引导他的学生对他们一起阅读的小说进行批判性分析和评估。他想提醒学生说出自己想法的重要性:

费尔南德斯先生:"今天,你们将有机会担任评论家。我会提出几个问题,希望你们单独思考。然后,我们将按照我们的协议,讨论你们对我们一起阅读的小说的看法。"

"在开始之前,我希望你们按照我们发布的规范,先环顾一下教室,再决定哪一个规范是我们讨论成功的关键。"(他停顿了一分钟左右,让学生有机会复习这些规范)

"哪一个规范建议你们应该为我们的谈话贡献自己的想法?(停顿三秒)托尼?"

托尼:"我认为至少有两个规范会有帮助。(他看了看张贴的规范)'使用教师的问题来激发思考,而不是去猜测教师的答案',然后是'在提出一个问题后,使用停顿来思考并形成你的回答'。"

费尔南德斯先生:"我同意托尼的意见。你们中有多少人选择了这些规范?如果你们这样选了,请向我竖起大拇指。(停顿)我想我们达成了共识。我感兴趣的是,你们为什么认为不花时间去猜测我的答案很重要。(停顿)阿隆佐,你怎么想?"

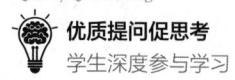
优质提问促思考
学生深度参与学习

阿隆佐:"我认为,当我不用担心你的意见时,我可以专注于我真正的想法。"

"缓冲"提醒学生规范,并把他们连接到这里——他们可以是最强大的这一课堂情境中。哈明(1994)建议,教师每天都使用"缓冲"策略来加强一个或多个共同的思考和学习规范。在他看来,当学生对课堂互动方式感到安全时,他们的"自然好奇心被释放了",他们能够更好地参与"主动学习的课堂"(p.61)。

> **优质提问促思考:**
> 表6.4展示了通过"优质提问促思考"引入的所有规范。这些是本书作者提出的规范;我们希望你认真地考虑那些能够帮助你的学生实现既定目标的规范。你可以选择这里列出的一些规范;你也可以增加其他规范。考虑到学生的年龄、年级和其他特点,你可以改写规范,使其对你的学生有意义。阅读我们的规范,批判性评估,并决定你想用哪些作为你的课堂规范的起点。

当一个学习共同体的所有成员都遵守这些规范时,就会产生一种协同效应,同时也会产生一种提问和思考的压力。个别不善思考的学生可能会在课堂上受到他人的影响而开始思考。哈佛大学零点项目的思想领袖认为:"文化支持环境的理念就是,你在周围看到了好的思考氛围,因为每个人都在思考……它将价值观和规范融入文化,并为良好的思考建立期望。"(Tishman, Perkins, & Jay, 1995, p.49)

表 6.4　通过优质提问进行思考时的规范

提问目的
使用教师的问题来激发思考,而不是去猜测教师的答案。 将错误作为一次学习机会。这是一个无风险的课堂。 使用后续问题来思考和自我评估你的第一反应,并调整和/或拓展自己的思维。 要用开放性思维去思考和提问,而不仅仅是知道什么和做出回答。
等待时间
在提出一个问题后,使用停顿来思考并形成你的回答。 在你回答后,使用停顿来进行反思、补充或修改。 在其他同学回答后,使用停顿将他人的答案与自己的答案进行比较。准备好同意或不同意,并加入你的想法。
参与
认真听取其他人的观点,以便充分理解和学习。 分享你的想法,让别人可以向你学习。 监控你的谈话,要让别人也有机会做出贡献。

采用思维性语言

分析、**分类**、**对比**、**假设**、**推断**、**预测**、**推测**。这些都是强大的思考动词、单词,该领域的思想领袖将其与融合了思维性语言的课堂文化进行了结合。(Costa & Kallick, 2000, pp.15—33; Perkins, 1992, pp.107—110; Swartz, Costa, Beyer, Reagan, & Kallick, 2008, p.85; Tishman et al, 1995, pp.15—33)。同样,还有一些关于思维的名词在课堂上也很常见:**假设**、**判断标准**、**后果**、**数据**、**证据**、**推理**、**结果**等。

思维性语言在表达认知加工过程时增强了精确性和准确性。口语在学习上的重要性已渗透到教育理论巨人的思想中,包括皮亚杰、维果茨基

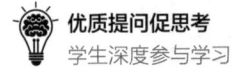

和菲尔斯坦(Piaget, Vygotsky, and Feuerstein)。这些杰出的研究人员坚信:"口语有助于指导(学生的)思维过程。学生表达自己想法的机会越少,他们就越不能发展清晰的思维模式,不能很好地成为独立的终身学习者。"(Hopkins, 2010, p.83)当学生学习有关思维的词汇时,他们能够更好地传达自己的想法,使其对学习共同体中的其他人清晰。

与布卢姆认知目标新分类相关的认知加工矩阵(Anderson & Krathwohl, 2001,参见第二章表2.3)是选择融入课堂思维性语言的词汇的一个很好的来源。与我们一起工作的许多老师,都用单词墙来展示与思考有关的词汇。他们有意教导学生思考词汇的意思,并把它们融入学生的日常谈话。此外,他们鼓励学生使用思考动词和名词来表达他们处理信息的方式。

> 为了达到深思的学习,我们需要在课堂上营造一种深思的学习文化。这是一个教师如何与学生、学生如何与教师和学生如何与另一个学生交谈的问题。这里的交谈当然不仅仅是所使用的语言,而是方式、风格和目标。
> ——珀金斯(Perkins, 1992, p.112)

我们不仅通过使用精确的词汇,还通过选择特定的表达方式,即提出问题而不是发表事实或观点,来促进思考。弗朗西斯·胡金斯(Francis Hunkins, 1995)是一名长期思考问题的学生,他主张将问题用作"可能性语言",并认为"将问题作为可能性语言的一部分能让教师和学生认识到思考、反思和参与意义创造是一种可能性……问题还是创建现实的基础。作为可能性语言的一部分,问题使发现(和)发明(和)创造成为可能"(p.144)。可能性语言通常始于这样的词:假设……?我想知道会发生什么……你能想象……吗?……有什么影响?

优质提问促思考：

想象一下，你帮助班上的每个学生开发了一种思维性语言。在课堂讨论和其他互动中，你期望会有怎么样的变化？

培养思维习惯

在本章的前面，我们主张将学习和思考的规范融入课堂文化。规范能调节个体和群体之间的互动。另一套支持思考的价值导向被一些人称为"思维习惯"（Costa & Kallick，2000；Swartz et al.，2008，pp.17—22），也有人称之为"思维倾向"（Ritchhart & Perkins，2005，pp.785—789；Tishman et al.，1995，pp.56—64）。约翰·杜威（John Dewey）强调"良好的思维习惯的重要性，它能带走人们过去分心和不情愿的状态"（引自 Ritchhart & Perkins，2005，p.785）。

优质提问促思考包含思维习惯和思维倾向，它们有着以下这些共同的特征：

> 毕竟，优秀的思想家比那些在思考时简单思考的人多：他们也在正确的时间思考出正确的成果——真相和论据、有创造性和有见解的观点、合理的决策，及恰当的解决方案。把这一点放在首要位置的思考观点通常被称为"倾向性"，因为它们不仅关注人们在努力思考时的思考能力，还关注他们倾向于采用哪种思维。
>
> ——里奇哈特和珀金斯（Ritchhart & Perkins，2005，p.785）

- 它们积极地影响着各种思考。
- 像所有习惯一样，它们随着时间的推移而变化；然而，当它们就位时，它们就变成了自动的。

- 教师可以积极示范,直接教授这些。
- 它们激励个人进行深思。
- 思考文化强化了这些习惯或倾向;反过来,它们又加强了思考文化。

尽管专家认为这些习惯或倾向有一些细微的差别,但是我们经过研究,认为表 6.5 几乎涵盖了所有内容。

表 6.5　支持优质提问的思维习惯或思维倾向

思维习惯/倾向	在课堂里的体现
追求准确性	学生寻求证据以支持他们的结论。他们会反思自己的想法,自我评价和自我纠正。
求知欲	学生问问题。他们想知道为什么,而不仅仅是什么。
移情性倾听	学生听取他人的意见。他们饶有兴趣地看着发言者,想想他在说什么,然后提问,以理解他们最初可能不理解的东西。
思维灵活	学生愿意尝试不同类型的思考和接受不同的观点。
控制冲动	学生在讲话之前先思考。他们暂停判断,并反思自己的最初反应。他们试图列出所有的证据,并听取一个发言者全部的推理。
思想解放	学生就他人的观点提出自己真正感兴趣的问题。他们愿意不断地学习。
毅力或坚持	学生在面对困难的挑战时不会放弃,而是加倍努力,并寻求外部资源以获得帮助。
承担合理风险	学生充满着冒险精神。他们愿意走出既定的界限,为问题提供新的解决方案,或引进一个新话题进行调查。他们不怕冒险进入新的思考和学习领域。
反思	学生珍惜思考自己的学习、思维和成果的时间。他们还会对更广泛的学习主题进行反思,寻求与课堂以外的生活相关的知识。

请记住，表6.5中列出的习惯和倾向清单并不是详尽无遗的。你可以增加你认为对你的学生和你的课堂至关重要的其他习惯或倾向。当你思考和选择思维习惯时，要确定它们是你自己的习惯，或者是你愿意培养的习惯。我们不能把我们自己不具备的习惯教授给学生。

关于学习如何发生的信念，以及关于自己认知能力的信念，会影响一个人特定思维习惯的养成。例如，斯坦福大学的教授卡罗尔·德威克（Carol Dweck，2006，pp.6—7），对具有固定思维的人和选择成长思维的人进行了区分。那些具有固定思维的人相信自己的能力是刻在石头上的，自己的智力、个性和其他个人特质都是既定的。另一方面，那些选择成长思维的人认为，通过努力工作和经验累积，自己的智力、个性和其他个人特质是可以改变的。德威克的研究表明，具有固定思维的人在面对具有挑战性的思维任务时，不太可能持之以恒；相反，他们倾向于退出。然而，那些具有成长思维的人相信，循序渐进可以取得成功。其他研究人员发现，这些特质或思维模式是"独立于认知能力的，但往往会在很大程度上影响认知能力"（Ritchhart & Perkins，2005，p.786）。这对教师的启示似乎有两个方面：（1）帮助学生把大的任务分成较小的增量，使他们能够一步一步地体验成功；（2）示范并积极教授坚持在思考中的价值。

优质提问促思考：

独立反思或与同事交谈，了解如何使用思维习惯来培养学生的成长思维。

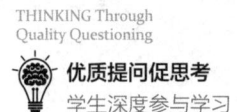

庆贺思维突破

特里·迪尔和肯特·彼得森（Terry Deal and Kent Peterson, 2009）认为强有力的文化包括愿景、规范、仪式和传统，以及庆贺活动。文化的这些组成部分，每一个都是重要的，本书都进行了讨论。第一章提出了一种思考文化的愿景。有关规范的内容在第三、四、五章。教师可以利用书中的每一章来确定他们可能希望达成的惯例和传统。例如，利用布卢姆认知目标新分类（Anderson & Krathwohl, 2001）来挑战学生形成更高水平的认知，利用信息组织图使思维变得可视化，或者提示学生日常思维中的要义。在最后一节中，我们将提出一些庆祝学生思维突破的方法，以便使学生保持必要的动力和势头，并激发和振兴课堂思考文化。

迪尔和彼得森（Deal and Peterson, 2009）引用研究论点，认为持续改进最有可能发生在"通过纪念个人和集体贡献的庆祝仪式，来认可和庆贺小的成功"（p.11）时。他们认为，庆祝活动是保持改进的燃料。我们认为，创造一种思考文化永远是教师的一项工作。每天都有新的挑战，每年都有新的学生。在文化建设方面，我们不能满足于现有的成就。

那么，怎样的庆祝活动适合庆祝思考和提问呢？当然，这取决于多种变量，包括教师自身的个性、教师的选择、学生的年龄和年级、学生的个性和其他特点，以及教师工作的学校的校园文化。出于这个原因，本书没有提供一个适当形式的庆祝"处方"，供你在课堂上使用。然而，为了有意义，庆祝活动必须尊重与个人和课堂的思考以及学习目标相关的真实成就。

作为教师，我们可以在确定课堂思考目标方面提供帮助。这些目标可以侧重于思考结果和/或思维倾向。重要的是，我们可以帮助整个班级制定思考目标。同样，作为元认知工作的一部分，我们可以帮助个别学生制定个人的思考目标。重要的是对课堂和个人目标进行监测，并取得明显的进展。随着个别学生和班级的重要里程碑时刻的到来,我们可以停下来承认这一刻。庆祝活动不需要精心准备。它可以是我们在优质提问促思考过程中的一个停顿。

链接:最后一击

约翰·巴雷尔(John Barell, 1995)写了一本题为"深入思考的教学"(*Teaching for Thoughtfulness*)的书,这是我们长期以来的最爱。巴雷尔从两个意义上构思了深度思考:教导学生思考,鼓励他们体谅和尊重他人。像巴雷尔一样,我们认为这两种类型的深思是相辅相成的。当学生采用与思考有关的规范和习惯时,他们就承诺了要尊重和关心他人的思考和学习;反过来,如果他们相互尊重、相互关心,他们就会倾听,在说话之前理解和思考。我们试图描绘一幅思考文化导图,来反映这种深度思考。

本书前面的每一章都有一篇综合性文章作为结尾,将学生的元认知、参与度和自我效能感置于"优质提问促思考"的框架中并联系起来。我们认为,优质提问除了驱动学习和思考,还促进了这三个重要变量的发展,而这三个变量能够发展学生成为独立、负责任的学习者。然而,为了通过优质提问来发展这三个部分,学生必须与同伴和教师建立信任和尊重的关系。他们需要感到自己的学习对其他人很重要,他们的思考和贡献对自己的课堂共同体是有价值的。重视学生思考,相信它是学习和成就的关键的教师,将与他们的学生创建一种深度思考的文化氛围,提高所有人的优质提问能力。

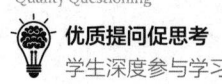

优质提问促思考：

你认为自己在多大程度上是在为深思而教？你能采取哪些步骤来继续努力？你能想象和学生有怎么样的对话？

附录 A
促进学习者积极参与思考的方法

关联映射（Affinity Mapping）

数据展示（Data on Display）

最后陈述（Final Word）

鱼缸（Fishbowl）

墨水思考（Ink Think，非言语思维导图）

访谈设计（Interview Design）

见解 — 问题配对（IQ Pairs）

切块拼接法（Jigsaw）

知识 — 问题 — 策略 × 3（KQS × 3）

先前知道 — 想要知道 — 已经掌握（KWL）

人形地图（Peoplegraph）

提问圈（Questioning Circle）

问题，问题（Question, Question）

循环提问（Round-Robin Questioning）

发表意见（Say Something）

共同研讨法（Synectics）

圆桌会议（Table Rounds）

持续思考（Thinkathon）

思考 — 配对 — 分享（Think-Pair-Share）

优化协议（Tuning Protocol）

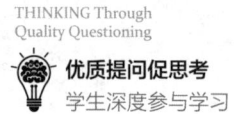

关联映射

目的：帮助学生分析数据，以发现事物间的联系，进行概念分类。

准备：准备一个可以激发学生许多回应的问题。为每名学生提供一些便利贴、一支钢笔或铅笔，并为每组学生提供一张大纸（例如，活动挂图或海报板等）。

过程：要求学生（单独或成对地）在一张便利贴上写下对这个问题的回答。给予学生充足的思考时间后，让每组成员把各自的便利贴贴在一张大纸上。指导学生寻找答案之间的关联性，把便利贴进行分类。小组中的每名成员在寻找答案的共同点时都可以对答案进行分类和重组。便利贴可以多次移动，直到小组成员都觉得他们已经创造了有意义的概念或观点集合。最后一项任务——每组都应该为每个观点集合命名。当小组与全班分享时，看看有多少小组提出了相似的分类。他们是否有不同的方式来巩固观点？

示例问题：

- 历史：导致国家间冲突的主要原因是什么？
- 数学：我们如何在日常生活中使用分数？
- 元认知：你如何学得最好？

数据展示

目的：帮助学生建立一个无风险的环境，让学生可以在其中自在地根据数据进行讨论——而不是基于自己的遐想和主观判断。这可以促进个人的自我反思，集中班级所有成员的智慧，并将整个小组的思考成果直观化、可视化后进行分析(见图 A.1)。这个过程使学生从思考自己的观点发展到思考整个班级回答的含义。数据展示能促进学生提问、得出结论、形成假设,以及检验自己和他人的假设。

准备: 选择一个主题,并准备四到六条观点陈述供学生支持或反驳。为了获得最佳效果,这些陈述最好可以导致认知冲突(例如,呈现一种学生可能强烈认同的信念,接着呈现一条与该信念不一致的行动陈述)。为每名学生准备一份讲义,上面标好每条陈述,并附上分值范围,分值范围为 0 到 100。此外,

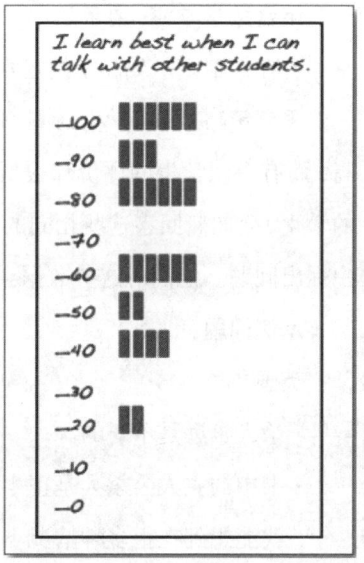

图 A.1 数据展示

将每个问题或陈述写在顶部。在左侧标上 100 到 0 的刻度,以 10 为增量。数值之间留出足够的空间供学生粘贴便利贴(见图 A.1)。每个问题都给学生一张便利贴(尺寸最好是 0.5″ × 1.75″),并在教室周围挂上图表。为了获得最佳效果,将学生分成几个小组。

过程: 要求学生独立确定他们对每个观点陈述的认同程度(从 0%到 100%),并在讲义上标记自己的答案。然后,学生在对应的图表上公布他们的回答或贴上便利贴,这样每个观点的条形图就生成了。要留给学生额外的时间浏览图表,让他们得出关于数据含义的结论,也可以让学生以小组的形式讨论数据。最后,全班进行讨论,以确定结论和意义。

变式: 对于小学生,教师要大声朗读每条陈述。然后使用像笑脸、冷漠脸和哭脸等符号代替分数。而对于初中生,可以给出四到五个数值供他们选择,范围在 0 到 4 或者 0 到 5。

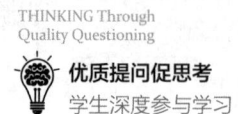

结合数学学科： 要求学生计算每条陈述的平均值或中值。提问学生课堂回答在给定水平或高于给定水平的分数或百分比是多少。

思考策略： 要求学生猜测，对于同一条陈述，为什么有些学生的评价很高，而有一些学生的评价却很低。并请他们对其他学生（年龄更大或更小的学生）会如何回答这些相同的问题提出假设。请学生在浏览数据的过程中提出问题。他们对这些数据会有哪些疑问呢？

示例问题：

英国文学

· 杀人永远是不对的。

· 书中的主人公杀人是正当防卫，这是一个可以接受的行为。

· 我能想到在很多种情况下，人们会去杀人——除了正当防卫。

· 很难说某件事情"一定是错误的"或"一定是正确的"，因为一切都需要视情况而定。

健康学

· 当饮食合理时，我们的思维更敏捷，精力更充沛。

· 每天早上，我都会在上学前吃一顿营养早餐。

· 人体需要充足的睡眠才能表现良好。

· 我每天都会早睡，以确保八小时的睡眠。

元认知

· 当我可以与其他学生讨论时，我学得最好。

· 明确自己在学什么及其为什么很重要，这对我的学习帮助很大。

· 在大多数课堂中，我有机会和其他人讨论我们正在学习的内容。

· 在大多数课堂中，我们所学的知识与我息息相关，并且我理解这个主题的重要性。

最后陈述

目的：鼓励学生倾听和学习从不同角度思考问题；帮助学生深入地思考对文本特定主题的理解；并促进学生形成真正的理解和意义建构。此策略与其他策略一同使用将有利于提高班级学生的讨论技能。此策略专门帮助学生练习等待时间，因为他们只在轮到自己发言的时候才说话。学生也将学习如何更好地倾听，以真正理解学习内容。

准备：确定一本与研究主题相关的常见读物。要求学生在上课前自主阅读。课堂上，提供学生思考和复习的时间，并确定他们愿意进行讨论或聆听别人讨论的三个观点。最后，让学生四人一组坐在座位上。

过程：要求每个小组确定：（1）一位监督员，实时监控该组使用"最后陈述"的情况；（2）一位计时员，提醒参与者时间；（3）一位志愿者，首先从文本中引入一个观点。给学生提供一份纸质的详细的应用说明，尤其是第一次在课堂中使用"最后陈述"时。

在整个过程中，当一名学生发言时，小组中的其他人保持安静，听或记笔记。

小组中的第一名志愿者提出自己的一个观点，将小组中其他人的注意力引导到它在文本中出现的地方，并谈论这个观点，最多三分钟。当第一名学生讲完（或时间到了）时，其他组员将轮流回应，每人最多一分钟——回应内容为第一名学生介绍的主题。当所有的组员都回应后，最初的发言者最多花一分钟的时间，来给出对这个主题的最后陈述。（对于年龄比较小的学生，你可以缩短时间，且要为所有小组计时）

然后，第二名学生选择他的一个观点，并按照相同的步骤进行。如果时间允许，每名学生都可以从阅读文本中引入一个观点，供小组讨论。

通过向学生提出以下问题来询问其对此方法的感受：遵循此策略你

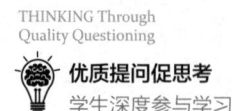

有什么感受?这个过程有什么好处呢?它如何影响他们对文章的理解?他们在过程中学到了什么——关于文本和学习过程?下次我们使用时,你会怎么修改这个过程呢?

改编自全国学校改革学院(National School Reform Faculty, NSRF, www.nsrfharmony.org)。其他策略还有"四个A""保存最后一个单词"等。

鱼缸

目的:引导小组学生进行真正的对话,帮助小组学习对话的技能,并有意识地锻炼与培养学生对话的技能,鼓励学生主动聆听和提问。

准备:准备一个不同小组可能会有不同观点的关键问题,并引导对话。把椅子排成两个同心圆,内圈摆6到10把椅子,剩下的摆在外圈。

过程:从分享小组规范开始,比如:开放的心态;倾听他人的回答,以达到完全理解;使用等待时间2,每次发言后要有3到5秒的沉默;监控自己的参与度,提出观点,并允许其他人也这样做。

选择一组学生坐在内圈(或"鱼缸"中),并在内圈添加一把空椅子。引导其他学生坐在外圈。解释内圈将展开对话——澄清假设,发言时不为自己辩护,并且努力理解他人的观点。外圈则:(1)倾听观点交换;(2)简短地加入内圈,坐在空椅子上提出问题或做出陈述(推动"鱼缸"成员思考);(3)监控"鱼缸"成员是否遵守规范,对话技能使用如何。

提出关键问题。让小组有时间回应。如有必要,及时澄清,监控规范的使用。

询问学生对此过程的体验和感受,首先是内圈,然后是外圈:你在这段经历中学到了什么?你感觉怎么样?它如何引发思考?

提示:为了丰富讨论内容,在"鱼缸"讨论之前就将一个或多个问题交给小组讨论。内圈包含每个小组的一名组员,这将使全班的观点都能得到表达。或者,让个人在进入"鱼缸"讨论之前,有时间以书面形式把自己的观点记下来。

墨水思考

目的:帮助小组以可视化、非线性的方式收集信息;激发思考;挖掘新的思考模式;鼓励学生深入思考某一特定主题。

准备:创建一个能促使不同的学生思考正在研究的主题的问题。为每组 6 至 10 名学生准备一张挂图和/或图表或工作站,并将一个单词、短语或符号放在图表的中心,表示你希望小组思考的内容。为每名学生提供一支记号笔。

过程:请学生仔细思考问题,并单独写下自己的观点。鼓励他们自觉记录所有的想法,不受拘束,就像在进行头脑风暴一样。然后,让 6 至 10 名学生组成一个小组进行合作,在小组移动到自己的工作站之前,说明一下这个活动是要在**安静**中完成的。每个小组的组员都要默读其他组员在图表上写下的内容,来"聆听"他人。

"墨水思考"是一个小组的非言语思维导图。主要观点写在从中心思想散发出来的线条上,其他观点会从中分支出来。当它们聚集在一张图表上时,学生会在纸上画出或写出自己的回答。这样每个人都可以了解别人的想法,并在此基础上具体化、深入化,比如修缮细节、补充示例、提出新的观点。

监控小组工作。如果有必要,提醒学生"墨水思考"要在安静中完成。让每个小组都有足够的时间来记录自己的观点,然后让每个小组准备一个总结与大家分享。当他们报告时,其他人寻找小组之间的共同点。

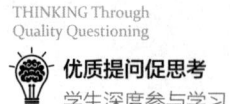

变式：你可以设计四五个相关问题。在这种情况下，要求学生仔细思考所有问题；每组分配一个问题。当小组已经完成了对其分配问题的回答后，要求每组按顺时针方向转到另一张图表，阅读图表上的观点，并将自己的想法添加进去。继续下去，直到每组都记录了每个问题的相关观点。要求每组总结对最初问题的回答，并向全班汇报主要观点。

示例问题：

科学

- 人类基因组计划有什么好处？你觉得未来它还会给我们带来哪些益处？
- 自20世纪初以来，科学如何改变着我们的生活？它如何改变了我们的思考方式？

数学

- 你如何在生活中使用几何？你未来将如何使用它？
- 我们使用统计数据的目的是什么？为什么重要的是理解？

社会

- 美国建造横贯大陆的铁路带来了什么影响？
- 美国20世纪60年代的民权运动给你的生活带来了哪些变化？

元认知

- 什么会帮助你思考？
- 思与学如何相互促进？

访谈设计

目的：让全班学生在一对一的环境中提出和回答一系列问题；学生以平等、无风险的方式收集和总结其他学生的信息和看法。为提出问题和使用优质提问策略提供练习。

准备：围绕学生感兴趣的主题，准备四个难度相当的问题，以 A 到 D 标记。准备一份讲义，将每个问题写在顶部；制作足够多的副本，以便四分之一的学生得到问题 A，四分之一的学生得到问题 B，以此类推。布置课堂，八把椅子（一排四把椅子对着另一排四把椅子）为一组，确保每名学生都有位置。

过程："访谈设计"分为两个阶段。

阶段 1：访谈。当学生坐成排后，回顾访谈的过程：

· 针对回答中感兴趣的地方提问。

· 使用等待时间。

· 记录所说内容。

· 在必要的时候，探究一下别人的想法。（例如，你能举个例子吗？能说得更详细些吗？）

· 不要发表评价性评论。

给每组其中一排的四名学生分别指定四个问题中的一个；给每排学生的搭档（对面椅子上的人）指定同样的问题，以便问题 A 面向问题 A，B 面向 B，以此类推。

给搭档几分钟时间来提出并回答指定的问题。然后，在每组八人中，有一排四人仍然坐着，而对面的人则按照以下顺序移动：移动排一端的人起身走到另一端，这一排的其他人则依次向旁边移动一个座位，让原本在一端的那个人坐在另一端的椅子上。给新搭档时间再进行一次提问，然后让那些移动过的人再次移动。继续这个模式，直到每排的每个人都回答了这四个问题——并向面对的每一个人提出了他的问题。

阶段 2：汇总数据。学生与提出相同问题的其他人聚在一起（即所有拿到问题A的学生聚在一组,所有拿到问题B的学生聚在一组)。作为一组,他们阅读自己收集到的回答并进行总结。该小组的一名组员作为记录员,记下主要观点,并与全班分享结果。

提示:

1. 每个问题都应该有一个情境,给一些提示或者引证。

2. 使用计时器提示发言时间,以便每个人都有机会提出问题,并在小组移动前做出回答。

3. 当小组人数不能被问题数量整除时,可通过将一个人添加到一个非移动排的任一端的方式来进行调节。

4. 多次进行这个访谈流程后,让每个小组合作提出一个问题,从同伴那里收集数据,总结调查结果,并为班级的其他同学准备一份报告。

见解 — 问题配对

目的: "见解 — 问题(Insight-Question, IQ)配对"策略是使学生两人一组讨论一个简短的读物、引文或问题的策略。在全班分享之前,学生有机会在一个低风险的环境中确定和澄清自己的想法。

准备: 确定一篇简短的、发人深省的文章,一段引文或一个问题。让每名学生确认一名讨论搭档。

引导: 展示小短文、引文或问题,以方便所有学生阅读。告知他们阅读完之后,每名学生都应该与搭档分享:(1)一种见解;(2)一个基于这些内容的问题。

经过足够时间的成对讨论后,请学生分享搭档的见解,然后再按照这个规则依次倾听其他组的观点。

切块拼接法

目的：为合作小组学习提供一种结构，让学生相互学习。鼓励学生为自己的学习负责，每名学生都要扮演小组教师的角色。

准备：确定一个或几个阅读材料来组织切块拼接法。为每个专家组创建工作表。这些工作表至少应该包括指定阅读页码，与专家组其他组员思考和讨论的问题，以及向家庭组准备汇报的建议。

过程：组织学生进入异质家庭组。描述切块拼接过程，并确保每名学生都有任务。（注：如果有五个不同的概念或阅读材料，家庭组将由五名学生组成，每名学生承担不同的任务）像拼图一样，每一块拼图都是完成画面所必需的。家庭组由五名学生组成，每名学生都成为一部分任务的专家，与有同样任务的其他学生组成专家组，一同学习。学完之后，所有学生都回到自己的家庭组去教其他组员。如果少了一名组员，学习就不完整了。

学生在家庭组中开始，教师分发阅读材料，并给每名学生分配一个任务或允许每名学生自己选择任务。要求学生重新组织小组，以便他们在专家组会面（即与其他有相同任务的学生组成小组）。他们将阅读工作表上的指定材料；按概述讨论问题；并准备好与家庭组分享自己的学习成果。足够的学习时间后，学生回到原来的家庭组，互相教授自己所学到的东西。

向全班询问对此过程的感受：

- 你喜欢这种学习方法吗？为什么或为什么不？
- 每个组员都承担了小组学习的责任吗？证据是什么？
- 你将如何改进此策略？
- 和你从教师那里学到的东西相比，你从其他学生身上学到的东西多还是少？这是为什么呢？

知识 — 问题 — 策略（KQS×3）

目的：作为帮助正在进行研究性学习的学生的元认知策略，"知识 — 问题 — 策略（KQS×3）"为推动课题的规划、研究和评估提供了关键问题。

准备：分发工作表（提供样本），指导学生进行研究性学习。

过程：当学生自己指定或选择主题来进行学习后，引导合作小组看下表第一排的问题来指导自己的计划：我们认为自己对这个主题了解多少？什么问题会驱动我们的探究？我们将用哪些策略来调研和更多地了解这个主题？一旦确定了研究的问题和正在探索的主题，建议他们去看第二排的问题：我们如何扩展和深化自己的知识？正在出现哪些附加问题？我们需要哪些其他资源和策略？最后，当他们完成课题时，鼓励他们思考最下面一排的问题来评估自己的研究：我们获得了哪些新的知识和理解？我们还有什么其他问题？我们如何在其他情境中策略性地应用新知识？

计划		
K：我们认为自己对这个主题了解多少？	Q：什么问题会驱动我们的探究？	S：我们将用哪些策略来调研和更多地了解这个主题？
调研		
K：我们如何扩展和深化自己的知识？	Q：正在出现哪些附加问题？	S：我们需要哪些其他资源和策略？
评估		
K：我们获得了哪些新的知识和理解？	Q：我们还有什么其他问题？	S：我们如何在其他情境中策略性地应用新知识？

先前知道 — 想要知道 — 已经掌握（KWL）

目的："先前知道 — 想要知道 — 已经掌握（KWL）"这个过程能帮助学生评估自己对某一主题的先前知识，确定对一个给定主题的兴趣和问题，并对所学知识进行自我评估。这个过程通常是在一个班级或一个合作小组中，学生通过倾听其他学生的出声思考与问题和信息加工来学习。

准备：无。

过程：通常，教师会带领全班进行此过程。或者，它可以由个别学生或合作小组来完成。在单元或课程开始时，提出两个问题：

1. 你认为自己对这个主题了解多少？（K）
2. 关于这个主题，你想了解什么？（W）

在一个单元结束时，重新回顾对前两个问题的回答，让学生找出自己在学习之前可能的误解，以及关于这个主题他们想要讨论的新问题。然后请他们回答第三个问题：

3. 关于这个主题，你学到了什么？（L）

人形地图

目的：在大组讨论之前，让学生思考并澄清自己对研究问题的理解。

准备：制定一份对研究问题的重要陈述。为了适用于"人形地图"的过程，这应该是一份能激发不同观点的陈述——而且学生可以同意或不同意一个观点。准备一份有关陈述的讲义，并留足空白位置让学生写下自己的回答。

过程：让学生思考这份陈述，并单独写下他们的想法。几分钟后，请他们确定自己同意或不同意该陈述的程度，并做好准备，为他们在此问题上的立场提供理由。在课堂或走廊上设置一条连续的、虚拟的或真实的线——一个端点被指定为"强烈同意",而另一端则被指定为"强烈反对"。让每名学生都在这条连续的线上"表明立场",代表他对此陈述的当前观点。当学生占了一个位置后,告诉他们和另外两三个站在附近的人组成一个小组。在这些小组中,他们将分享自己在"人形地图"上选择该位置的理由。大约五分钟后,要求其中一组的发言人提出理由来支持该组的立场,然后其他小组自由发言。

变式:这是一个在"鱼缸"讨论之前使用的好策略,讨论可以增进对话,学生会有意识地使用积极倾听和其他沟通策略来理解他人的观点。有些教师喜欢将观点对立的学生分在一组,将"人形地图"上"强烈反对"一端与"强烈同意"一端的学生组合在一起,从而促进学生更好地理解对立观点。

结合数学学科:在学生形成了"人形地图"后,要求学生根据他们的位置建立数字等价物。例如,强烈同意此陈述的学生占百分之几?与自己持有相似观点的学生百分比是多少?中立的学生百分比是多少?

发展思维:学生对此陈述持不同观点的原因是什么?在你的背景知识或经验中,是什么影响了你对此陈述的立场?影响他人思考的因素有哪些?你对此陈述有什么问题?你认为答案是正确的还是错误的?我们应该根据什么标准来判断此陈述的真实性呢?

提问圈

目的:鼓励提问,引导学生思考阅读材料,以确定主要观点。提出有关问题,促进倾听,从不同的角度学习同一篇阅读材料,帮助学生更深入地了解一篇文章——加入个人的理解。

准备:在介绍这一策略之前,先与学生讨论提问和学习之间的关系。

回顾鼓励学生提问的规范。与学生讨论什么会使一个问题成为优质问题——他们想要思考并试图回答的问题。

确定一篇阅读材料（与研究内容有关的书中的一篇文章或一章），布置作业，并对整个过程提供书面说明。

过程：将学生组织成四人学习小组。在你开始这个过程之前，请每名学生单独回顾阅读材料，并找出三个有趣的观点——他们想要进一步思考的观点。告诉学生在阅读的同时标记段落，这样他们就可以很容易地找到它们，并指给同伴看。对于这三个观点中的每一个观点，学生都应该提出一个开放式的问题。这应该是一个真正的（一个他们真正想知道的问题），要求高于记忆水平的回答的问题。

每个小组都应该确定：(1)一名引导者，确保小组完成任务，且每个人都参与其中；(2)一名志愿者，首先就阅读材料提出他的一个问题。在整个过程中，当一个人说话时，**小组中的其他人应该安静地**听或做笔记。这不是讨论，在这个过程中，没有来回对话这一讨论的典型特征。

小组中的第一名志愿者选择自己的一个观点，将小组的注意力引导到阅读材料中相应的地方，然后提出问题。经过一番思考之后，提问者右边的人开始回答这个问题。注意：重点不在于回答这个问题，而是要出声思考问题，同时提问者在一旁倾听。当第一个人说完，其他人轮流回答第一名志愿者提出的问题。最后，当小组的每个组员都谈论了这个问题之后，回到最初的提问者那里，他可以出声思考自己的问题，第一轮结束。

依次地，每名组员都提出一个话题，并提出一个相关的问题，倾听所有组员回答该问题，然后谈论。在所有组员都提出问题后，这一圈就完成了。

向学生询问对该过程的感受："提问圈"策略如何影响你对阅读文章的理解？推测该过程是如何影响你的理解的。先前形成的问题是否影响了你

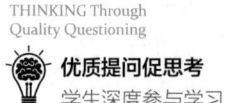

听其他组员谈论这个话题？推测为什么是或为什么不。

反思问题：有比其他问题更有吸引力的问题吗？每个人对问题的参与度都有所不同吗？最吸引人的问题的特征是什么？这引起了大多数人的思考吗？提问如何影响对阅读文章的理解？这是一个可以在其他班级使用的策略（从阅读中形成问题）吗？出于什么目的？

问题，问题

目的：让学生思考一个话题，形成真正的问题，并评估问题的质量。

准备：在向学生介绍此策略之前，教师应该已经确定了问题对学习的重要性，不同认知水平问题的概念，以及"真实"问题与"学校"问题之间的区别，即答案在被提出之前就是已知的。在上课之前，教师应该考虑在课堂中的什么时候停下来使用此策略。

过程：课堂上，让学生在事先计划好的时间点进行配对。让他们与搭档一起，在课堂中找出他们觉得有趣的东西，并一起形成一两个问题以供讨论。使用这个策略的前几次，需向学生提供可以用来编写问题的句干，例如：

- 我想知道……
- 我想知道为什么……
- 这些相似和不同在哪里？
- 这怎么样？
- 如果……，会发生什么？
- 关键要素是什么？
- 含义是什么？

- 如果……,会有什么后果?

一旦每一对搭档都想好了一个问题,寻求一名志愿者来提出他们的问题,并与全班讨论。

深化对提问的思考:提出了几个问题后,与全班讨论什么是构成有效讨论问题的关键因素——例如,它们是开放式的,有多个正确答案;学生对它们感兴趣;它们与学生的生活息息相关;它们能帮助学生从不同的角度思考这个话题,以便更深入地探讨这个话题。

循环提问

目的:针对写作和提出优质问题,以及与同伴一起使用等待时间和口头提示,给学生提供适当的练习。

准备:在使用该策略之前,帮助学生理解学习和提问之间的关系。最好能在课堂上建立一个规范来鼓励学生提问;参与这项活动将为学生形成和提出问题提供经验。

作为一项阅读任务的一部分,让学生创建五个关于阅读的问题:四个他们知道答案的问题,以及一个他们不知道答案的问题(即一个真正的问题)。刚开始时,这项任务可以在合作小组中完成,以帮助那些难以完成这项任务的学生。

过程:向学生解释此过程。教师会选择一名学生来提出他的一个问题。该学生提出问题,等待三到五秒钟,然后点学生回答,再等待三到五秒钟,对学生的回答提供反馈。如果回答是正确的,学生应该认可。如果回答部分正确,学生应该通过提问引出更多的信息,例如:你能告诉我你为什么这么想吗?你是怎么得到答案的?或者你能多说一些吗?如果回答不正确,

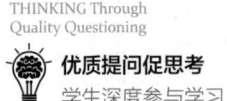

学生应该向回答的学生提供线索,以帮助他找到正确答案。例如:如果你看第 36 页第一段,你会看到角色是什么。

当提问结束后,回答的学生将提出他的一个问题,等待三到五秒,然后点学生回答,按照相同的步骤继续下去,直到问及最重要的事实或理解。最后,一名学生应该提出一个真正的问题,看看是否会引起讨论。教师可能要给学生提供样本提示(在提示卡片上),在学生回答不正确时使用。

向学生询问对此过程的感受:
这是他们喜欢的活动吗?为什么或为什么不?在再次使用该策略之前,他们将如何修改活动?

发表意见

目的: 帮助学习者加工阅读信息,提高理解能力,让阅读者有时间通过讨论来思考一段话,并通过让学习者将阅读的文章与先前的知识联系起来的方式来建立关联。

准备: 确定一个学生感兴趣的,并可能会激发讨论和对话的简短的阅读材料。

引导: 将学生配对,并为每名学生提供阅读文章的副本。给予指示:"我会请你阅读一小段。一旦你完成了,转向你的搭档'发表意见',说说这段话对你意味着什么。然后听搭档针对同一段话的想法。没有对错之分;你可以问一个问题,或是同意或不同意他的观点。"分配部分阅读内容。参与者阅读和讨论之后,宣布时间到。给他们另一段,继续阅读,直到全部阅读完成。

提示：

1. 这项活动很适合以项目列表的方式展开。让学生阅读两到三个项目符号，并展开讨论；然后再分配两到三个。一直继续下去，直到他们阅读并讨论了整个列表。

2. 选择四五句发人深省的引文，让学生进行阅读，并对第一句引文"发表意见"。宣布时间到，并分配一句新的引文，直到他们阅读并讨论完所有引文为止。

共同研讨法

目的： 让学生在学习的过程中进行隐喻性思考，促进创造性思维，激发小组讨论，帮助学生从多个角度看待主题。

准备： 准备一个关于学习主题的提示。例如，提示可能是"描述你对有效政治运动的看法"。参与者可以选择四个单词或四张图，用来创建隐喻（参见提供的示例）。把每个单词或每张图放在一张白板纸上。在课堂的每个角落里放一张白板纸、一支记号笔。

过程： 给出提示并要求参与者单独写下自己的回答。经过足够时间的独立思考后，问："当你思考这个主题时，它是否更像_____或_____或_____或_____（列出四个隐喻）？"例如："一场有效的政治运动更像是游乐园、奥运会、MP3播放器还是自助餐？"请每名学生选择一个最符合自己想法的隐喻。

一旦学生选择了一个隐喻，引导他们移动到展示他们所选择的隐喻的课堂角落。当他们与其他选择相同隐喻的人组成一组后，告诉他们在白板纸上列出他们选择的原因（也就是说明他们所选择的隐喻是如何像被考虑的主题的）。

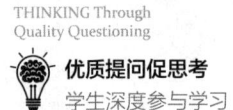

经过足够时间的头脑风暴和记录后,要求每个小组向其他小组分享他们的想法,然后进行关于这个主题的班级讨论。

隐喻示例:

· 地球、风、火、水

· 蓝色、红色、绿色、黄色

· 训练篮球、导演电影、在零售业工作、管理餐厅

· 购物中心、电影院、咖啡店、体育竞技场

· 皮卡车、凯迪拉克、SUV、跑车

· 乡村音乐、说唱、硬摇滚、爵士乐

变式:简单的"共同研讨法"即从两个对照的项目中进行选择,并要求参与者以书面形式单独回答,然后在小组中分享他们的观点。例如,你可能会问以下这些问题:代数方程式更像是意大利面还是冰激凌?细胞的结构更像秋天还是春天?政治更像是过山车还是18轮卡车?

圆桌会议

目的:创建一个鼓励学生思考和讨论重要观点的环境,让学生从自己的观点出发,以他人的观点为基础,创造新的理解;为真正的对话提供支架;通过一个旨在促进理解和激发创造力的结构化过程来分享见解,从而创造一个关于给定话题的"完整"的集体思考。

准备:确定三到四个重要的主题。为每个主题准备一系列问题,以引导每桌的参与者对话。制作问题的副本,并将其放在桌子上。提供各种记号笔和蜡笔,以及一到两张画纸,作为参与者可以记录对话观点的桌布。

引导:一旦每桌四到六名学生就座后,就开始介绍此过程。解释每桌都有一个主题,并提供一系列问题来引导对话。每桌中的一个人大声朗读

一系列问题，而其他人则倾听重点问题。当小组讨论话题时，组员要将他们的回答记录在桌布上。鼓励他们创造性地使用单词、图片、颜色和其他视觉工具。组员也应该用语言来表达他们的观点。指导他们开诚布公，并仔细倾听以充分了解他人的观点，注意观点之间的联系，并保持沉默（即酌情使用等待时间）。

当宣布时间到时，每组确定一个人作为该桌的主持人。主持人的任务是欢迎新人加入自己这桌，回答之前在该桌讨论过的任何问题，并提醒他们写下自己的观点和问题，在观点之间建立联系，而不只是讨论。

其他组员会分散到不同的桌子，这样参与者在每一轮对话中都可以与不同的人在一起。在第二轮中，大多数人（除每桌的主持人外）将谈论一系列新问题。鼓励学生倾听问题，回顾桌布上的观点，讨论并提出自己的观点。

变式：对于年龄非常小的学生，你可以通过给他们一个有多种解决方案的问题来导入此过程；然后，学生不是讨论，而是尽可能地想出不同的解决方法。例如，我们观赏了一节二年级学生学习方程式的课。教师给每个组一张写有中心数字的桌布（如23）。她要求每组将可以形成中心数字的方程式写在纸上。学生热情地写着不同的方程式，彼此讨论着更多的可能性。这是对该策略的一种创造性修改，对年龄小的学生来说很有效。

改编自"世界咖啡厅"过程（见 Brown & Isaacs, 2005）。

持续思考

目的：使学生达成各种各样的目标：解决问题，生成观点，回应他人的观点。

准备：制定几个与研究主题相关的开放式问题。把每一个问题都写在

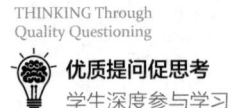

画纸上,将画纸贴在课堂四周,在每站附近放置几支记号笔。将参与者分成几个小组(每组一个问题)。

过程:为每个小组指定一个问题。指导学生聚集在展示他们的问题和头脑风暴答案的画纸前,并在画纸上记录观点。经过足够的思考时间后,所有小组将顺时针转到下一站。当小组处理已经有另一组回答过的问题时,他们的工作就是阅读答案,在他们同意的答案旁边做上复选标记,并添加其他评论或回答。当所有小组经过所有站后,他们回到原来的问题,阅读他人添加的内容,并总结全班对他们被指定问题的思考。

变式:小组回答完第一个问题后,选择一名组员留下来,向后面的小组解释他们的思考。这名组员的工作是记录评论和其他观点。

思考 — 配对 — 分享

目的:使所有学生通过回答问题的方式来参与课堂;在参加班级讨论前,为学生提供时间来阐明自己的想法;通过与搭档讨论和倾听来加工信息,使其具有个人意义,并将新知与旧知联系起来。

准备:决定利用这一策略来使学生思考一个主题的时机。该策略在演示之前、期间或之后使用较有效,特别是在全班讨论之前使用更有效。决定如何配对参与者,并创建开始讨论的提示。

过程:正如标题所示,这个过程分三个步骤进行。提出一个问题,让所有参与者**思考**——通常通过写一个提示或问题的方式。然后让他们和另一名参与者**配对**,一起讨论自己的观点。最后,当每个人都有时间单独思考,并与搭档讨论自己的观点后,双方就可以与全班**分享**。

优化协议

目的： 通过轮流与同伴讨论和倾听的协议，鼓励学生有意识地、深入地反思一个具体的工作流程或作品。出声思考的过程能使反思更深入、更有意义。遵守协议步骤则提供了一个低风险的环境，并限制了防御性。

准备： 此协议有多种用途。在这里，我们分享的是它如何被学生用来评估自己和他人的写作。就学生的一个写作任务提供具体目标：段落过渡、有力的开场白、描述性短语、隐喻等。先将学生两两结对，再分成四人一组。

过程： 回顾（或介绍）此过程的步骤。带领班级了解以下六个步骤，并宣布每一步进行的时长：

1. 反思： 每组四名学生中，两名学生阅读对方的写作样本，并就与希望达成的目标相关的内容和自评内容，开展同伴评估，要有评估的证据。另外两名学生倾听但不说话。每名学生要有足够的时间来阅读和评估。

2. 正反馈： 正在倾听的两名学生互相讨论——不直接与阅读者对话。他们对听到的与目标相关的内容提供积极的（或正面的）反馈。在这段时间里，阅读者**倾听但不说话**。

3. 负反馈： 当两人给出了正反馈后，就提出负反馈，或改进建议。同样，他们会互相讨论，而不是直接与正在倾听对话的人交换意见。教师应该在学生参与之前先示范一下。相比于陈述，负反馈以问题的形式提出会更有效——例如，我想知道如果开头的句子使用黑暗的意象是否效果会更好？

4. 反思： 最初的阅读者通过自己反思和倾听他人的评论，思考自己所听到和学到的东西。其他人**倾听但不说话**。

5. 交换角色： 现在，倾听的两名学生开始阅读他们的写作样本和评论，同时听取正反馈和负反馈,并反思他们在此过程中学到了什么。

6. **询问**:完成这个协议后,讨论其是如何发生的——哪里做得好,哪里不好,学生在下次使用时想要如何改进,以及在整个过程中学到了什么。

提示:这个过程的价值随着重复而增加。当小组习惯了这个过程,就会减少对教师介入此过程的需求。但一开始,引导者可以帮助小组遵循建议的协议。

改编自"看学生作业"协议;更多信息及其他协议请访问 lasw.org。

附录 B
形成性评估工具示例

构建个人意义

一个单元导入时,要求学生回应以下四句提示语:

1. 用我自己的话来说,我认为这个学习目标关于以下几点:
2. 我已经知道以下与此学习目标有关的事情:
3. 我认为以下词汇与这个话题有关:
4. 我有以下经验(校内或校外)来帮助我了解这一目标:

关键词总结

1. 用一个词总结内容(通过阅读、演示、项目或课堂讨论)。
2. 写一话段,解释为什么选择这个词。

学生对这些提示语的回应可以用作班级的"出口通行证"。教师可以了解以下几种情况:(1)学生思考到哪里了;(2)常见的概念理解错误或观点错误;(3)大多数学生想法的趋势或模式;(4)独特的词汇和理据。然后教师就可以总结的形式向整个班级提供反馈——例如,报告出现频率最高的单词、最不寻常的单词以及最有说服力的理由。他们还可以向那些似乎没有抓住主要概念的学生提供反馈,撇开小组给予额外指导。

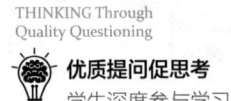

"我注意到你在课堂结束时做了一个总结;不过,我希望听你再多讨论些该课程中包含的主要观点。你还记得昨天的介绍和讨论吗?你有做笔记帮助记忆吗?"因为学生以小组的形式交流,他们可能会集体地记住一些关键点。但进行额外指导后,他们可能会理解得更清楚。或者,他们可能需要一个新的学习策略来帮助他们理解和内化这些课程信息。教师可以问:"你昨天在演讲中使用了什么策略?下次演示你可能会尝试什么新的策略?"

关键词总结还为教师提供了教学效果方面的反馈。作为一名教师,你会发现,学生将从更多的反思和口头表达中获益。你可以使用一些不同的策略,例如更频繁地停止演示而应用"思考 — 配对 — 分享"策略,并要求学生用一个词组和/或词语来总结一篇篇幅较短的材料,在此类总结活动中获得成功的体验。

这种任务不仅仅是一种评估,也是教学的一个组成部分。为了完成这个任务,学生必须思考才能回答。这种选择一个词语来总结内容的方式会加强学生的理解;写一段话来支持自己的想法将有助于他们进一步深思。写作,就像说话一样,是一种思考的方式。

持续自我监控自己的理解

给每个学生三张索引卡片或塑料杯 —— 绿色的、黄色的和红色的。帮助学生学会监控自己对当前学习内容或讨论主题的理解。如果他们跟上了你的节奏,他们应该展示绿色,表示"继续"。如果他们有点不确定,则用黄色发送该信号。红色则意味着"我不懂"。教师通过扫视整个课堂,可以在课程进行中的任何时间,了解学生自认为的学习效果。

自我评估：我理解得怎么样？

在演示或某个课程阶段结束时，要求学生评估他们对材料的理解程度，从"5"（完全理解）到"1"（不太理解）打分，然后写几句话来说明自己的评分依据。这种自我评估形式适用于任何内容领域。

1. 把一顿4人餐（和食谱）改成12人餐的方法，你理解了多少？
2. 今天我们讨论的文学类型，你理解了多少？
3. 你对分数乘除理解了多少？
4. 你对速度理解了多少？
5. 你对类比理解了多少？

总结和提问

以下两个提示语不会花费学生很长时间来回应——可以在期末时以书面形式写在废纸上，也可以通过电子邮件或维基在家里答复。问："今天我们在班上学到的最重要的东西是什么？""你对正在研究的课题有什么疑问吗？"

其他变式有用三种几何图形和以下问题组成的讲义：

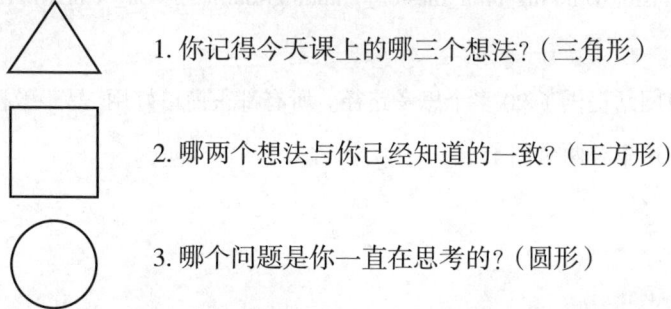

1. 你记得今天课上的哪三个想法？（三角形）

2. 哪两个想法与你已经知道的一致？（正方形）

3. 哪个问题是你一直在思考的？（圆形）

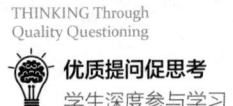

或者你可以在交通灯图形上写下三个问题：

1. 你已经知道了什么？（绿灯）
2. 什么想法让你感到困惑——并让你想要停下来？（红灯）
3. 什么想法让你想放慢速度以学得更多？（黄灯）

评估解决问题的能力

例如，选择三个对大多数学生来说都具有挑战性但可解决的题目，而不只是在一节代数课中给出一整页的家庭作业。要求学生解决这三个问题，然后选择一个问题，编写完整的说明，详细解释自己的解决过程。按如下方式布置："请一步一步详细写出你选择的问题的具体解决方案。将你的纸分成两半，左边写数学算式，右边用完整的句子解释，把整个解决过程用文字表述出来。用还未学代数的学生可以理解的语句表达，并准备在第二天的课堂上讲解。"

思考路径

具体请登录哈佛大学零点项目可视化思维网站（http://www.pz.harvard.edu/vt/VisibleThinking_html_files/03_ThinkingRoutines / 03a_ ThinkingRoutines.html）。

该网站提供了 20 多个思考路径。所有都很简单好用，易于教授，利于思考。这里有两个例子：

例1：我曾经认为……现在我认为

这种思维习惯可以帮助学生知道自己对某个主题的看法是如何通过阅读、讨论、写作等方式而发生变化的。可用于各种场合——鼓励学生进行自我评估、反思和元认知。

例2：思考，困惑，解决

就像KWL一样，这个思考路径通过让学生回答三个问题，帮助学生思考他们目前相信什么，有什么困惑，以及他们认为自己将如何进一步探索一个主题：(1)你认为自己对这个主题了解多少？(2)你有什么问题或困惑？(3)你将如何探索这个主题？

笔记链

在一张纸的顶部写上一个主题或一个问题，将纸在整个班级里流转。当传到某个学生时，她应该先阅读已写好的评论，然后添加自己对该主题的想法或评论。学生可以引入新的观点，也可以在已有的基础上加深。这个问题最好与班级已研究内容的一个核心问题相关（例如，社会如何变化？或者活的植物的普遍特征是什么？）。

提出事实性问题

在任何学科领域，教师都希望看到学生知道的并不仅仅是事实；他们想确定学生是否已经理解了这些知识。这个策略非常简单。提出一个事实性问题并做出说明。然后提出一个有关该事实的问题——可以挑战学

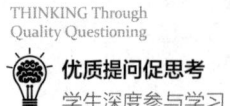

生更深入、更多地表达有关内容的问题。

不要问"内战什么时候结束?"这样的问题(为了得到答案:1865 年),请问:"内战于 1865 年结束,那一年里还发生了哪些其他重要的事件?它们为什么重要?"

不要问"什么样的岩石是砂岩?"(为了得到答案:沉积岩),请问:"为什么砂岩被认为是沉积岩?"

不要问"8 英尺长 5 英尺宽的矩形面积是多少?"(为了得到答案:40 平方英尺),请问:"假设你有 26 英尺的篱笆,如果你想为你的宠物建一个围栏,那么你可以用已有篱笆围出的最大面积是多少?"

同伴互惠提问

学生彼此提问他们正在研究的内容。通常这些问题是开放式的、层次更高的。教师最初可能会给出提示语,让学生单独以书面形式回应——例如:"想想过去几天你学到了_____。写下你想问的两到三个问题,以拓宽你的思维。"经过几分钟的安静书写和反思后,学生成对或成群地聚集在一起,轮流提出他们的问题,教师则巡视并选择一些问题与大家分享。

参考文献

参考文献 References

Ainsworth, L. A., & Viegut, D. (2006). *Common formative assessments: How to connect standards-based instruction and assessment.* Thousand Oaks, CA: Corwin.

Anderson, L. W., & Krathwohl, D. R. (Eds.). (2001). *A taxonomy for learning, teaching, and assessing: A revision of Bloom's taxonomy of educational objectives.* New York, NY: Addison Wesley Longman.

Baker, L. (2005). Developmental differences in megacognition: Implications for metacognitively oriented reading instruction. In S. E. Israel, C. C. Block, K. L. Bauserman, & K. Kinnucan-Welsch (Eds.), *Metacognition in literacy learning: Theory, assessment, instruction, and professional developmen*t (pp.61—81). Mahwah, NJ: Lawrence Erlbaum.

Bandura, A. (2005). Exercise of personal and collective efficacy in changing societies. In A. Bandura (Ed.), *Self-efficacy in changing societies* (pp.1—45). Cambridge, UK: Cambridge University Press.

Barell, J. (1995). *Teaching for thoughtfulness: Classroom strategies to enhance intellectual development* (2nd ed.). White Plains, NY: Longman.

Barell, J. (2003). *Developing more curious minds.* Alexandria, VA:

Association of Supervision and Curriculum Development.

Barnette, J. J., Walsh, J. A., Orletsky, S. R., & Sattes, B. D. (1995). Staff development for improved classroom questioning and learning. *Research in the Schools*, 2 (1), 1—10.

Black, P., Harrison, C., Lee, C., Marshall, B., & Wiliam, D. W. (2003). *Assessment for learning: Putting it into practice*. Maidenhead, UK: Open University Press.

Black, P., & Wiliam, D. (1998a). Assessment and classroom learning. *Assessment in Education*, 5 (1),7—74.

Black, P., & Wiliam, D. (1998b). Inside the black box: Raising standards through classroom assessment. *Phi Delta Kappan*, 80 (2), 139—149.

Bloom, B. S. (1956). *Taxonomy of educational objectives: Book 1. Cognitive domain*. New York, NY: Longman.

Bransford, J. E., Brown, A. L., & Cocking, R. R. (Eds.). (2000). *How people learn: Brain, mind, experience, and school*. Washington, DC: National Academy Press.

Brown, J., & Isaacs, D. (2005). *The world café: Shaping our futures through conversations that matter*. San Francisco, CA: Berrett-Koehler.

Chen, M. (2010). *Education nation: Six leading edges of innovation in our schools*. San Francisco, CA: Jossey-Bass.

Christenbury, L., & Kelly, P. (1983). *Questioning: A path to critical thinking*. Urbana, IL: ERIC Clearinghouse on Reading and Communication Skills and the National Council of Teachers of English.

City, E. A., Elmore, R. F., Fiarman, S. E., & Teitel, L. (2009). *Instructional rounds in education*. Cambridge, MA: Harvard Educational Press.

参考文献

Cohen, D., Raudenbush, S., & Ball, D. (2003). Resources, instruction, and research. *Educational Evaluation and Policy Analysis*, 25, 119—142.

Conley, D. T. (2005). *College knowledge: What it really takes for students to succeed and what we can do to get them ready.* San Francisco, CA: Jossey-Bass.

Costa, A. L., & Kallick, B. (Eds.). (2000). *Activating and engaging habits of mind.* Alexandria, VA: Association for Supervision and Curriculum Development.

Darling-Hammond, L., Barron, B., Pearson, P. D., Schoenfeld, A. H., Stage, E. K., Zimmerman, T.D.,...Tilson, J. L. (2008). *Powerful learning: What we know about teaching for understanding.* San Francisco, CA: Jossey-Bass.

Deal, T. E., & Peterson, K. D. (2009). *Shaping school culture: Pitfalls, paradoxes, and promises* (2nd ed.). San Francisco, CA: Jossey-Bass.

Dillon, J. T. (1983). *Teaching and the art of questioning.* Bloomington, IN: Phi Delta Kappa.

Dillon, J. T. (1988). *Questioning and teaching: A manual of practice.* New York, NY: Teachers College Press.

Dweck, C. S. (2006). *Mindset: The new psychology of success.* New York, NY: Random House.

Erickson, H. L. (2002). *Concept-based curriculum and instruction.* Thousand Oaks, CA: Corwin.

Fisher, D., & Frey, N. (2007). *Checking for understanding: Formative assessment techniques for your classroom.* Alexandria, VA: Association for Supervision and Curriculum Development.

Fried, R. L. (1995). *The passionate teacher.* Boston, MA: Beacon Press.

Fried, R. L. (2005). *The game of school: Why we all play it, how it hurts kids, and what it will take to change it.* San Francisco, CA: Jossey-Bass.

Gall, M. D. (1984). Synthesis of research on teachers' questioning. *Educational Leadership*, 42 (3), 40—47.

Gardner, H. (2006). *Five minds for the future.* Boston, MA: Harvard Business School Press.

Gavelek, J. R., & Raphael, T. E. (1985). Metacognition, instruction, and the role of questioning activities. In D. L. Forest-Pressley, G. E. Mackinnon, & T. G. Waller (Eds.), *Metacogntion, cognition and human performance* (pp.103—136). Orlando, FL: Academic Press.

Greenstein, L. (2010). *What teachers really need to know about formative assessment.* Alexandria, VA: Association of Supervision and Curriculum Development.

Guskey, T. R. (2007). Using assessments to improve teaching and learning. In D. Reeves (Ed.), *Ahead of the curve: The power of assessment to transform teaching and learning.* Bloomington, IN: Solution Tree.

Harmin, M. (1994). *Inspiring active learning: A handbook for teachers.* Alexandria, VA: Association for Supervision and Curriculum Development.

Hattie, J. (2009). *Visible learning: A synthesis of over 800 meta-analyses relating to achievement.* London: Routledge.

Heritage, H. M. (2010). *Formative assessment: Making it happen in the classroom.* Thousand Oaks, CA: Corwin.

Hess, D. E. (2009). *Controversy in the classroom: The democratic power of discussion.* New York, NY: Routledge.

Holyoak, K. J., & Morrison, R. G. (Eds.). (2005). *The Cambridge handbook of thinking and reasoning*. Cambridge, UK: Cambridge University Press.

Hopkins, K. R. (2010). *Teaching how to learn in a what-to-learn culture*. San Francisco, CA: Jossey-Bass.

Huebner, T. A. (2009). Encouraging girls to pursue math and science. *Educational Leadership*, 67 (1), 90—91.

Hunkins, F. P. (1995). *Teaching thinking through effective questioning* (2nd ed.). Norwood, MA: Christopher-Gordon.

Israel, S. E., & Massey, D. (2005). Metacognitive think-alouds: Using a gradual release model with middle school students. In S. E. Israel, C. Collines, K. L. Bauserman, & K. Kinnucan-Welsch (Eds.), *Metacognition in literacy learning: Theory, assessment, instruction, and professional development* (pp.183—198). Mahwah, NJ: Lawrence Erlbaum.

Johnson, D. W., & Johnson, R. T. (1999). *Learning together and alone: Cooperative, competitive, and individualistic learning* (5th ed.). Boston, MA: Allyn & Bacon.

Jones, M. G. (1990). Action zone theory, target students and science classroom interactions. *Journal of Research in Science Teaching*, 27 (8), 651—660.

Kobrin, D. (2004). *In there with the kids* (2nd ed.). Alexandria, VA: Association for Supervision and Curriculum Development.

Krajcik, J., & Blumenfeld, P. (2006). Project-based learning. In R. K. Sawyer (Ed.), *Cambridge handbook of the learning sciences* (pp.317—334). Cambridge, UK: Cambridge University Press.

Leahy, S., Lyon, C., Thompson, M., & Wiliam, D. (2005). Classroom assessment: Minute by minute, day by day. *Educational Leadership*, 63 (3), 19—24.

Lemke, C., & Coughlin, E. (2008). The change agents: Technology is empowering 21st century students in four key ways. *Educational Leadership*, 67 (1), 54—59.

Linn, M. C. (2009). The knowledge integration perspective on learning and instruction. In R. K. Sawyer (Ed.), *The Cambridge handbook of the learning sciences* (pp. 243—264). Cambridge, UK: Cambridge University Press.

Marzano, R. J. (2007). Designing a comprehensive approach to classroom assessment. In D. Reeves (Ed.), *Ahead of the curve: The power of assessment to transform teaching and learning*. Bloomington, IN: Solution Tree.

Marzano, R. J., & Kendall, J. S. (2006). *The new taxonomy of educational objectives* (2nd ed.). Thousand Oaks, CA: Corwin.

Marzano, R. J., Pickering, D. J., & Pollock, J. E. (2001). *Classroom instruction that works: Research-based strategies for increasing student achievement*. Alexandria, VA: Association for Supervision and Curriculum Development.

Moss, C. M., & Brookhart, S. M. (2009). *Advancing formative assessment in every classroom: A guide for instructional leaders*. Alexandria, VA: Association for Supervision and Curriculum Development.

Nasir, N. S., Roseberry, A. S., Warren, B., & Lee, C. D. (2006). Learning as a cultural process: Achieving equity through diversity. In R. K. Sawyer (Ed.), *The Cambridge handbook of the learning sciences* (pp. 489—504). New York, NY: Cambridge University Press.

National Research Council. (2001). *How people learn: Brain, mind, and experience and school*. Washington, DC: National Academy Press.

Ornstein, A. C. (1988, February). Questioning: The essence of good teaching—Part II. *NASSP Bulletin*, 72（505），72—80.

Palincsar, A. S., & Brown, A. L.（1984）. Reciprocal teaching of comprehension-fostering and monitoring activities. *Cognition and Instruction*, 1, 117—175.

Pellegrino, J.W., Chudowsky, N., & Glaser, R.（2001）. *Knowing what students know: The science and design of educational assessment*. Washington, DC: National Academy Press.

Perkins, D.（1992）. *Smart schools: Better thinking and learning for every child*. New York, NY: The Free Press.

Perkins, D.（2003, December）. Making thinking visible. *New Horizons for Learning*. Retrieved from http://www.newhorizons.org/strategies/thinking/perkins.htm

Pink, D. H.（2009）. *Drive: The surprising truth about what motivates us*. New York, NY: Riverhead Books.

Piper, W.（1930）. *The little engine that could*. New York, NY: Platt & Munk.

Pitler, H., Hubbell, E. R., Kuhn, M., & Malenoski, K.（2007）. *Using technology with classroom instruction that works*. Alexandria, VA: Association for Supervision and Curriculum Development.

Quintana, C., Shin, N., Norris, C., & Soloway, E.（2009）. Learning-centered design: Reflections on the past and directions for the future. In R. K. Sawyer（Ed.）, *The Cambridge handbook of the learning sciences*（pp.119—134）. Cambridge, UK: Cambridge University Press.

Ritchhart, R., & Perkins, D. N.（2005）. Learning to think: The challenges of teaching thinking. In K. J. Holyoak & R. G. Morrison（Eds.）, *The Cambridge book of thinking and reasoning*（pp. 775—796）. Cambridge, UK: Cambridge

University Press.

Rose, C. M., Minton, L., & Arline, C. (2007). *Uncovering student thinking in mathematics: 25 formative assessment probes*. Thousand Oaks, CA: Corwin.

Rosenshine, B., Meister, C., & Chapman, S. (1996). Teaching students to generate questions: A review of the intervention studies. *Review of Educational Research*, 66 (2), 181—221.

Rotherham, A. J., & Willingham, D. (2009). 21st century skills: The challenges ahead. *Educational Leadership,* 67 (1), 16—21.

Rowe, M. B. (1986). Wait time: Slowing down may be a way of speeding up! *Journal of Teacher Education*, 37 (1), 43—50.

Sadker, D., & Sadker, M. (1985). Is the OK classroom OK? *Phi Delta Kappan*, 66 (5), 358—361.

Sawyer, R. K. (2009). The new science of learning. In R. K. Sawyer (Ed.), *The Cambridge handbook of the learning sciences* (pp.1—16). Cambridge, UK: Cambridge University Press.

Schlechty, P. C. (2002). *Working on the work: An action plan for teachers, principals, and superintendents*. San Francisco, CA: Jossey-Bass.

Schmoker, M. (2011). *Focus: Elevating the essentials to radically improve student learning*. Alexandria, VA: Association for Supervision and Curriculum Development.

Schunk, D. H., & Zimmerman, B. J. (Eds.). (1998). *Self-regulated learning*. New York, NY: Guilford Press.

Secretary's Commission on Achieving Necessary Skills. (1991, June). *What work requires of schools: A SCANS report for America* 2000. Washington, DC: Author.

Sergiovanni, T. (2005). *The lifeworld of leadership: Creating culture, community, and personal meaning in schools.* San Francisco, CA: Jossey-Bass.

Silbey, R. (2002, April). Math think-alouds: Build essential daily math skills through verbal problem solving. *Scholastic Instructor.* Retrieved from http://www2.scholastic.com/browse/article.jsp? id=3584

Sprenger, M. (2005). *How to teach students to remember.* Alexandria, VA: Association for Supervision and Curriculum Development.

Sprenger, M. (2009). Focusing the digital brain. *Educational Leadership,* 67 (1), 34—39.

Stiggins, R. J., Arter, J. A., Chappuis, J., & Chappuis, S. (2006). *Classroom assessment for student learning.* Portland, OR: Educational Testing Service.

Swartz, R. J., Costa, A. L., Beyer, B. K., Reagan, R., & Kallick, B. (2008). *Thinking-based learning: Activating students' potential.* Norwood, MA: Christopher-Gordon.

Swicegood, P. R., & Parsons, J. L. (1989). Better questions and answers equal success. *Teaching Exceptional Children,* 21 (3), 4—8.

Tishman, S., Perkins, D., & Jay, E. (1995). *The thinking classroom: Learning and teaching in a culture of thinking.* Boston, MA: Allyn & Bacon.

Tobin, K. (1987). The role of wait time in higher cognitive level learning. *Review of Educational Research,* 57, 69—95.

Video Journal in Education. (1999). *Questioning to stimulate learning and thinking: Elementary and secondary versions.* Sandy, UT: School Improvement Network.

Vygotsky, L. (1978). *Mind in society: The development of higher psychological processes.* Cambridge, MA: Harvard University Press.

Wagner, T. (2008). *The global achievement gap: Why even our best schools don't teach the new survival skills our children need—and what we can do about it.* New York, NY: Basic Books.

Walsh, J. A., & Sattes, B. D. (2005). *Quality questioning: Research-based practice to engage every learner.* Thousand Oaks, CA: Corwin.

Wassermann, S. (2009). *Teaching for thinking today: Theory, strategies, and activities for the K–8 classroom.* New York, NY: Teachers College Press.

Webb, N. L. (2002, March 28). *Depth-of-knowledge levels for four content areas.* Retrieved from http://facstaff.wcer.wisc.edu/normw/All%20content%20areas%20%20DOK%20levels%2032802.doc

Wells, G. (2001). The case for dialogic inquiry. In G. Wells (Ed.), *Action, talk and text: Learning and teaching through inquiry* (pp.171—185). New York, NY: Teachers College Press.

White, E. B. (1952). *Charlotte's web.* New York, NY: Harper–Collins.

Willingham, D. T. (2009). *Why don't students like school? A cognitive scientist answers questions about how the mind works and what it means for the classroom.* San Francisco, CA: Jossey-Bass.

Zimmerman, B. J. (1998). Developing self-fulfilling cycles of academic regulation: An analysis of exemplary instructional models. In D. Schunk & B. J. Zimmerman (Eds.), *Self-regulated learning: From teaching to self-reflective practice* (pp. 1—19). New York, NY: Guilford Press.

译后记
Epilogue

《优质提问促思考——学生深度参与学习》一书是美国著名课堂提问研究专家杰姬·阿克里·沃尔什和贝丝·丹克特·萨特斯合作编著的。两位作者曾经编写了一本《优质提问教学法——让每个学生都参与学习》[*Quality Questioning*: *Research-Based Practice to Engage Every Learner* (*Second Edition*), 2017, Corwin],该书第二版已经由本团队翻译,由中国轻工业出版社于2018年出版。现在这本书主要涉及通过提问来促进思考,专注于高层次思维能力的培养,尤其是将提问与布卢姆认知目标新分类结合起来加以设计。本书还特别讨论了课堂讨论教学与合作学习,将提问镶嵌在新的学习方式中。

除了教师讲解,提问是第二大重要的教学方法。提问是任何阶段课堂教学的基本手段。对提问的研究历来受到重视,研究成果也十分丰富,尤其是结合学科和学段来设计提问方面,更是呈现了异彩纷呈的景象。为什么我们要引进杰姬·阿克里·沃尔什和贝丝·丹克特·萨特斯的《优质提问教学法》《优质提问促思考》《优质提问助讨论》三本书?这主要是因为我们已经不将提问作为猜测或者印证教师答案的活动,而将其看成师生、生生之间的一种交流、分享与反思的过程。学会提问,用好提问,是教学设计的一项重要基本功,也是新班级教学或者新课堂学习的一种现实途径。

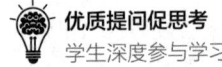

在《优质提问教学法(第二版)》一书中,作者构建了提问的新框架,即准备问题、提出问题、促进思考、处理回应与打磨实践。在本书中,作者提出了优质提问促思考的五个方面:构建优质问题、促进学生思考、鼓励运用反馈、提高反应能力与培育思考文化,全书围绕着这一框架展开论述。本书的论述不仅观点新颖,同时编排设计也十分讲究,可读性很强。我们相信,本书会受到广大教师的青睐。

本书翻译工作的具体分工是:吴新静翻译推介语、作者简介、致谢、前言、第一章、第二章和附录2;于冬梅翻译第三章和第四章,附录1;车燕虹翻译了第五章和第六章。盛群力担任本书版权的引进策划,并对全书翻译做了校对与统稿。

衷心感谢宁波出版社将本书列入"新班级教学译丛"。有关翻译中可能出现的不足与疏漏,敬请读者予以指正。

盛群力

2022年2月1日于浙江大学

学而书坊

新班级教学译丛   盛群力 主编

"新班级教学译丛"选译当代国际前沿教学设计应用研究的重要作品，聚焦教学发展趋势，关注教学改革话题，贴近教师实际需要，助力教师专业发展，推动核心素养在课堂上真正落实，让新班级教学蔚然成风。

《简明生本学习策略》

◇ "以学为中心"是一种思维方式，一种教育范式
◇ "以学为中心"卓越课堂有一整套核心技术
◇ 国际知名教育与咨询专家乔治·M.雅各布斯等 2016 年作品

《成功智力教学：提高学生学习效能与成绩（第二版）》

◇ 先扬长避短，后扬长补短，这是最重要的育人观
◇ 在每节课中培养学生成功必需的分析性、创造性和实践性智力
◇ 国际顶尖教育心理学家罗伯特·J.斯腾伯格代表作品

《理解为先单元教学设计实例：教师专业发展工具书》

◇ 掌握知能、理解意义和实现迁移是学习的三重境界，须逐级进阶
◇ 理解为先教学（UbD）帮助教师在每堂课中落实学科核心素养
◇ 国际知名教育与咨询专家杰伊·麦克泰和格兰特·威金斯力作

《合作学习:实用技能、基本原则及常见问题》

◇帮助教师创建协同努力的高效能课堂

◇悦纳自我,欣赏同伴,终身发展

◇国际知名合作学习专家、教育咨询专家乔治·M.雅各布斯等力作

《如何编制和使用量规:面向形成性评估与评分》

◇学会编制等级赋分与质性描述相结合的量规

◇为教师提供了评估学生核心素养和高阶能力的有力工具

◇国际知名教育咨询专家苏珊·布鲁克哈特力作

《技术促进课堂有效教学(第二版)》

◇技术是推动课堂教学减负、提质、赋能的加速器

◇马扎诺有效教学模式的技术助力方案

◇国际知名教育技术专家霍华德·皮特勒等力作

更多教育图书即将出版,敬请期待!

宁波市鄞州区甬江大道1号宁波书城8号楼703室 宁波出版社教育出版中心
咨询电话:0574-87287821
宁波市海曙区苍水街79号苍水大厦518室 宁波出版社发行中心
团购电话:0574-87242865

* 本目录定价如有错误或变动,以实际出书为准。

关注宁波出版社微信公众号
获取更多图书资讯

进入宁波出版社微店
购买更多教育好书